Rolf Hosfeld   Hermann Pölking

WIR DEUTSCHEN
1918 bis 1929

Nach Krieg, Revolution und Inflation geht es für die Deutschen in den zwanziger Jahren endlich aufwärts: Berlin wird zur modernen Großstadt; die »neue« Frau trägt Bubikopf; Literatur und Kunst erleben einen ungeahnte Blüte ... Dieser Band aus der Reihe »Wir Deutschen« erzählt die goldenen Zwanziger so farbig und lebendig, daß man das Flair der Cafés und Varietés zu spüren glaubt: Nie gesehene Fotos und sensationelle Funde aus privaten Filmarchiven zeigen völlig neue Bilder dieser so aufregenden wie revolutionären Zeit. Doch die Weltwirtschaftskrise und das Erstarken der nationalsozialistischen Bewegung werfen bereits dunkle Schatten voraus: Cha-Cha-Cha und Charleston werden so nicht zu Vorboten einer neuen Zeit, sondern zum Tanz auf dem Vulkan.

Rolf Hosfeld, geboren 1948, ist Journalist und Buchautor. Hermann Pölking, geboren 1954, ist Dokumentarfilmer und hat über 32 Filmchroniken herausgegeben. Die beiden Autoren haben mit dem bei Piper erschienenen Großprojekt »Die Deutschen« ein Multimedia-Geschichtswerk geschaffen, das auf insgesamt über 2000 Seiten mit Fotos, Texten und 12 einzigartigen Filmen Maßstäbe gesetzt hat.

Rolf Hosfeld   Hermann Pölking

WIR DEUTSCHEN
1918 bis 1929
*Vom Kriegsende bis zu
den Goldenen Zwanzigern*

Mit 102 Abbildungen, 5 Grafiken und 2 Karten

Piper
München   Zürich

Mehr über unsere Autoren und Bücher:
www.piper.de

Das vorliegende Buch ist eine Auskoppelung aus dem Werk
»Die Deutschen, 1918 bis 1945. Leben zwischen Revolution und Katastrophe.«

Autor Buch Rolf Hosfeld
Autor Film Hermann Pölking
Produzenten Tammo F. Bruns, Patrick Lithander

Redaktion Buch Frank Wendler (Leitung), Rolf Böttcher, Nicole Möser
Co-Autorin Film Nina Mütze
Redaktion und Recherche Film Ralf Graumann, Sabine Herpich,
Svea Lang, Nina Mütze, Michael Nordmann, Linn Sackarnd, Frank Wendler
Redaktion Interview Rolf Hosfeld, Hermann Pölking
Bildgestaltung Thomas Golüke, Martin Sündermann
Schnitt Ralf Graumann, Sabine Herpich
Schnittassistenz Petra Aßmann, Torsten Büsing, Hagen Klaile
Gestaltung und Satz kleiner und bold GmbH
Lithografie kleiner und bold GmbH
Umschlaggestaltung Büro Jorge Schmidt, München
Umschlagabbildungen ullstein bild (vorne); Stadt- und Stiftsarchiv Aschaffenburg,
Bildarchiv Eymann (hinten)
Druck und Bindung Kösel, Krugzell

ISBN 978-3-492-05339-6
© Piper Verlag GmbH, München 2006, 2009
© Saeculum Verlagsges. mbH, Berlin 2006
Printed in Germany

Inhaltsverzeichnis

Wir Deutschen.
So haben Sie die deutsche Geschichte
noch nie gesehen.

»Wir Deutschen« erzählt die Geschichte der Deutschen in einer neuen Form. Alle Quellen, aus denen Vergangenheit anschaulich werden kann, sind zu einem multimedialen Projekt verbunden, dessen einzelne Teile sich ergänzen. Man kann Geschichte lesen, sehen und hören. So entsteht ein aufregender Zugang zu den Ereignissen, die unsere Gegenwart geformt haben. Das Buch bietet eine spannende Geschichtsdarstellung, die politische, wirtschaftliche und kulturelle Zusammenhänge deutlich werden läßt, mit selten gesehenen Fotos und Bildern, die die Alltagsgeschichte hinzufügen. Die DVDs bieten ein filmisches Kaleidoskop deutschen Lebens, wie es so noch nie gezeigt wurde. Die Filme entstammen weitgehend unbekannten regionalen und privaten Quellen, Firmen- und Verbandsarchiven aus ganz Deutschland und Europa und sind in den letzten zwanzig Jahren systematisch und in akribischer Kleinarbeit zusammengetragen und konserviert worden. Gefilmte Interviews mit bekannten Historikern runden das Projekt »Wir Deutschen« ab.

Linke Seite: Das Ehepaar Posselt stellt sich mit seinem kleinen Sohn zum Gruppenbild auf. Das Foto entstand im November 1922 in Breslau.

DIE DEUTSCHE REVOLUTION

Die letzten Tage des Kaiserreichs

Seit er sich im Juli 1917 geweigert hatte, den Treueid auf den Kaiser abzulegen, saß Józef Pilsudski auf der Festung Magdeburg als Gefangener des Deutschen Reichs ein. Er hatte über lange Zeit drei polnische Brigaden an der Seite der Mittelmächte gegen Rußland ins Feld geführt und war dabei ausgezeichnet worden, bevor man die wegen ihrer Tapferkeit zu Ruhm gelangte Legion überraschend auflöste. In Rußland war im März der Zar gestürzt worden, und im Deutschen Reich bereitete man bereits die geheime Aktion vor, mit der Lenin und seine Genossen in einem verplombten Eisenbahnwaggon aus der Schweiz über Schweden nach Petrograd transportiert werden sollten, um durch das Schüren der Revolution den russischen Gegner von innen kampfunfähig zu machen. Da störte Pilsudskis Legion mit ihren nationalpolnischen Ambitionen nur noch.

Doch im Herbst 1918 erinnert man sich plötzlich wieder des prominenten Gefangenen in der Festung Magdeburg. Am 8. November beschließt das Kabinett des Prinzen Max von Baden, ihn freizulassen. Überall in Deutschland sind seit Tagen rote Matrosen unterwegs mit der Forderung, dem Krieg endlich ein Ende zu bereiten, und in vielen großen Städten wurden bereits Arbeiter- und Soldatenräte gebildet. Nach dem Putsch der deutschen Seekriegsleitung, die Ende Oktober trotz eines Waffenstillstandsgesuchs der Regierung auf eigene Faust und mit Zustimmung des Kaisers den Krieg gegen England noch einmal mit aller Gewalt aufnehmen will, brechen im ganzen Land Meutereien aus.

Am 8. November hatte der Unabhängige Sozialdemokrat Kurt Eisner in München die Republik ausgerufen. Auf den Türmen der Frauenkirche wehten rote Fahnen, und auf Plakaten war zu lesen: »Die Dynastie der Wittelsbacher ist abgesetzt.« Weit im Osten, im Baltikum, in der Ukraine und bis nach Georgien standen jedoch noch deutsche Truppen, die nach einem bevorstehenden Waffenstillstand ordnungsgemäß zurückgeführt werden mußten.

Józef Pilsudski sollte dabei in Polen, das nach dem Krieg auf jeden Fall seine Selbständigkeit

Linke Seite: Osnabrück, November 1918. Soldaten des Infanterieregiments 78 ziehen durch die Stadt. Zum Ersatzbataillon des Regiments gehört auch Erich Paul Remark, der sich später als Schriftsteller Erich Maria Remarque nennen wird.

zurückgewinnen würde, für Stabilität und sichere Durchfahrtswege für ein Millionenheer sorgen. Zudem betrachtete man ihn nach wie vor, im Unterschied zu Roman Dmowski, dem Kandidaten des in Paris ansässigen Polnischen Nationalkomitees, als einen Mann, der Deutschland im Prinzip freundlich gesinnt war. Entsprechend empört waren die Alliierten, als sie von der Freilassung Pilsudskis und seiner mit den Deutschen abgesprochenen polnischen Mission Kenntnis nehmen mußten.

Pilsudskis Entlassung aus der Festung Magdeburg fällt in die letzten Tage des deutschen Kaiserreichs. Als am 8. November Rittmeister von Gülpen, der Kommandant der Kraftfahrttruppen in Magdeburg, Pilsudski und dem mit ihm freigelassenen Oberst Kazimierz Sosnkowski, ein Auto für die Fahrt nach Berlin zur Verfügung stellt, ist der Bahnverkehr in die Reichshauptstadt bereits durch rebellierende Matroseneinheiten unterbrochen. In Braunschweig haben sich am 7. November die örtlichen Heeresabteilungen einer Gruppe aus Kiel angereister Aufständischer angeschlossen und die Stadt unter ihre Kontrolle gebracht. Auch in Magdeburg sind inzwischen Abordnungen roter Matrosen eingetroffen.

Gülpen fährt deshalb den Wagen vorsichtshalber auf die Berliner Chaussee außerhalb der Stadt, um dort Pilsudski und Sosnkowski zu erwarten, die sich nach ihrer Freilassung in Begleitung Harry Graf Kesslers über die Elbbrücke schleichen, während im Zentrum Magdeburgs bereits große Demonstrationen stattfinden. Die Aktion, zu der Kessler vom Kabinett des Prinzen Max von Baden beauftragt ist, soll von den roten Matrosen unbemerkt ablaufen.

In Wustermark trifft das Auto auf zwei mit Matrosen dichtbesetzte Züge, die sich auf dem Weg nach Berlin befinden. In Genthin und Brandenburg ist dagegen noch alles ruhig. Am nächsten Tag dankt der Kaiser ab. Zwei Tage später übernimmt Józef Pilsudski, der Chef der Polnischen Nationalorganisation PON, aus den Händen des noch von den Deutschen ernannten Regentschaftsrats in Warschau als Oberbefehlshaber und Staatschef die Leitung der neu gegründeten polnischen Republik.

Es werden in Zukunft auch die strittigen polnischen Grenzen sein, die der neuen deutschen Republik das Leben schwer machen. Die Grenzen würden, so Pilsudski kurz vor seiner Abreise nach Warschau an jenem für Deutschland historischen 9. November, bald von der Entente bestimmt werden, und zwar über die Köpfe der Polen hinweg.

Bereits am 22. Oktober waren während eines Streiks in der Motorenfabrik Maybach in Friedrichshafen Parolen wie »Der Kaiser ist ein Lump« und »Hoch die deutsche Republik« gerufen und auf Wände geschrieben worden. Am 29. Oktober hatte Philipp Scheidemann, der Staatssekretär im Kabinett des Prinzen Max von Baden, als erster Sozialdemokrat in den Ruf

nach der Abdankung des Kaisers eingestimmt, nachdem der amerikanische Außenminister Robert Lansing zu verstehen gegeben hatte, ein solcher Schritt sei hilfreich für künftige Friedensverhandlungen. Doch erst mit dem Aufstand der Kieler Matrosen Anfang November verbreitet sich diese Forderung im ganzen Reich. Am 9. November wird sie auch in Berlin erhoben.

Heimkehr von Truppen des 78. Infanterieregiments in ihren Standort Osnabrück im Dezember 1918. Die Soldaten tragen noch ihre Ausgehuniform. Im Fronteinsatz ist die Pickelhaube 1916 durch den Stahlhelm ersetzt worden.

Wilhelm II. hatte diese Situation in den letzten Kriegswochen selbst herbeigeführt. Der Krieg, den er vielleicht nicht gewollt, dessen Ausbruch er aber durch seine Nibelungentreue zur Habsburgermonarchie nicht unwesentlich befördert hatte, war für das Deutsche Reich im Herbst 1918 in eine Sackgasse geraten. Nicht einmal die großen Gebietsgewinne zwischen Reval und Tiflis, die die Deutschen nach dem brutal erzwungenen Gewaltfrieden von Brest-Litowsk in den ersten Monaten des Jahres 1918 noch einmal verzeichneten, konnten darüber hinwegtäuschen, daß das Reich seine Kräfte bei weitem überdehnt hatte.

Gewerkschaftlich organisierte Arbeiter auf einer Baustelle in Harburg, das damals noch kein Stadtteil von Hamburg ist, sondern preußische Kreisstadt in der Provinz Hannover. 1920 haben die freien Gewerkschaften des Allgemeinen Deutschen Gewerkschaftbundes ADGB 8 Millionen Mitglieder.

Eigentlich war Generalstabschef Falkenhayn bereits im Herbst 1914 zu der Überzeugung gelangt, daß dieser Krieg nicht zu gewinnen sei, doch gewaltige Kraftanstrengungen im wirtschaftlichen und organisatorischen Bereich, der »unbeschränkte« U-Boot-Krieg gegen England und zuletzt der Zusammenbruch Rußlands nach der Revolution hatten immer wieder, besonders in den Reihen alldeutsch-imperialistischer Weltmachtstrategen, die Hoffnung auf einen doch noch möglichen Siegfrieden aufkeimen lassen. Jetzt, im frühen Herbst 1918, war der Zusammenbruch der Westfront absehbar, seit mit der großen alliierten Offensive unter Beteiligung der Amerikaner Anfang August der »Endkampf des Weltkriegs« begonnen hatte. Diese Formulierung stammt von Erich Ludendorff, dem heimlichen Herrscher des Reichs und zweiten Mann in der Obersten Heeresleitung, der am 29. September einen Nervenzusammenbruch erlitten und für die meisten Deutschen überraschend sofortige Waffenstillstandsverhandlungen gefordert hatte.

»Wir sind jahrelang von den Militärs betrogen worden«, hört ein Journalist am 3. Oktober Abgeordnete im Reichstag ausrufen, als ihnen Major von dem Bussche im Auftrag der Obersten Heeresleitung die ausweglose militärische Lage unverblümt darstellt. »Jede vierundzwanzig Stunden könnten die Lage verschlechtern«, hatte von dem Bussche gesagt, »und den Feind unsere eigentliche Schwäche erkennen lassen.«

Friedrich Ebert, der Vorsitzende der Sozialdemokratischen Partei, war nach dieser Feststellung totenblaß geworden, ebenso der Nationalliberale Gustav Stresemann, der bis zuletzt an einen Siegfrieden geglaubt hatte. »Wir haben an den deutschen Sieg geglaubt und schämen uns dessen nicht«, gibt Stresemann seine Stimmung in der letzten Rede vor dem kaiserlichen Reichstag am 22. Oktober wieder: »Aus dem, was sich entwickelt hat, haben wir den Schluß gezogen, daß das System, das uns hierher führte, verwirkt hat.«

Ludendorffs Nervenzusammenbruch durchzuckt nun das ganze Deutsche Reich. Der Kollaps hätte vielleicht in einer parlamentarischen Monarchie aufgefangen werden können, wenn Wilhelm II. rechtzeitig zugunsten eines akzeptablen Thronfolgers zurückgetreten wäre und wenn die Seekriegsleitung nicht in letzter Minute mit Billigung des Kaisers und ohne jede Hoffnung auf Erfolg versucht hätte, Harakiri zu begehen. Seit dem 28. Oktober 1918 ist das Deutsche Reich ein demokratischer Staat, nachdem Wilhelm II. am 25. Oktober Ludendorff, der plötzlich doch den Krieg wiederaufnehmen wollte, entlassen hatte. Was sich unter der unscheinbaren Bezeichnung »Gesetz zur Abänderung der Reichsverfassung und des Gesetzes betr. die Stellvertretung des Reichskanzlers vom 17. März 1878« verbarg, war, so der Historiker Hagen Schulze, »bei Lichte besehen eine revolutionäre Verfassungsänderung«.

Zum ersten Mal gibt es mit diesem Gesetz vom 28. Oktober in Deutschland eine parlamentarisch verantwortliche Regierung, der sich auch die bis dahin halbabsolutistische Gewalt des Monarchen zu beugen hat. Daß Wilhelm II. jedoch keineswegs bereit war, sich der neuen Verfassung unterzuordnen, machte er nur wenige Tage später mit seiner Billigung der Seekriegsbefehle deutlich, die nicht mit der verfassungsmäßig nun allein zuständigen Reichsregierung abgestimmt waren. Am 29. Oktober, nach Unterzeichnung der neuen Verfassung, hatte sich der Kaiser von Berlin ins Hauptquartier nach Spa in Belgien abgesetzt, als wolle er damit demonstrieren, daß seine Loyalität doch der alten Militärkaste mit ihrem Anspruch auf Vormachtstellung im Reich und nicht der neuen Volksregierung gelten solle. Mit der Billigung des Marineputschs war er zum Rebellen gegen die legitime Regierung des Prinzen Max von Baden geworden. Seine Demission war nun unvermeidbar.

Weniger die Sorge um den kaiserlichen Verfassungsbruch als die Angst vor bolschewistischen Zuständen haben Sozialdemokraten wie Friedrich Ebert in diesen Tagen umgetrieben. Seit dem Frühjahr 1918, nachdem Lenin die Konstituante, die verfassunggebende Versammlung, auseinandergejagt und den Terror auch gegen Sozialrevolutionäre und »rechte« Sozialdemokraten institutionalisiert hatte, ging das Gespenst des Bolschewismus in Europa um.

»Wer die Dinge in Rußland erlebt hat, der kann im Interesse des Proletariats nicht wünschen, daß eine solche Entwicklung bei uns eintritt«, hatte Ebert seiner Partei Ende September deutlich zu verstehen gegeben. Niemandem, so Ebert, dürfe der »Zusammenbruch unseres Landes, d. h. auch der Zusammenbruch unserer Volkswirtschaft und unseres Wirtschaftslebens«, gleichgültig sein. Das meint Ebert auch im Hinblick auf die Millionenheere, die nach dem Waffenstillstand ordnungsgemäß zurückgeführt und wieder in das zivile Wirtschaftsleben integriert werden mußten.

Friedrich Ebert steigt in diesen Tagen zur entscheidenden Figur im politischen Leben des bankrotten Reichs auf. Der in Heidelberg 1871 geborene Sattler hatte sich seit seinen Bremer Jahren Ende des Jahrhunderts in der Partei hochgearbeitet und war nach dem Tod August Bebels 1913 zum Vorsitzenden der SPD gewählt worden.

Im Herbst 1918 drängt Ebert die Sozialdemokraten zur Zusammenarbeit mit der parlamentarischen Regierung des Prinzen Max von Baden. »Wollen wir jetzt keine Verständigung mit den bürgerlichen Parteien und der Regierung«, so Ebert in einem Appell an die Parteigremien, »dann müssen wir die Dinge laufen lassen, dann greifen wir zur revolutionären Taktik, stellen uns auf die eigenen Füße und überlassen das Schicksal der Partei der Revolution.«

Noch am 6. November unternimmt er einen verzweifelten Versuch, die parlamentarische Monarchie zu retten, indem er Generalleutnant Groener, den Nachfolger Ludendorffs, in geradezu feierlicher Form bittet, dem Kaiser und dem Kronprinzen die sofortige Abdankung nahezulegen. In diesem Fall werde er sich mit allen Kräften für die Erhaltung der parlamentarischen Monarchie mit einem kaiserlichen Prinzen als Regenten einsetzen. Doch der Württemberger Wilhelm Groener, der als »Nichtpreuße und Demokrat« nach den bissigen Worten des Generals Karl von Einem angeblich »die Ballonmütze im Koffer« trug, lehnt die Verantwortung dafür ab, worauf Ebert ihm erklärt: »Unter diesen Umständen erübrigt sich jede weitere

Rechte Seite: Arbeiterinnen der Kammgarnspinnerei Dietel in der Kleinstadt Wilkau-Haßlau in den zwanziger Jahren. Gemessen an der Mitgliedschaft in den gesetzlichen Krankenkassen ist die weibliche Erwerbstätigkeit während des Ersten Weltkrieges vom Juli 1914 bis zum Juli 1918 nur um 17 Prozent gestiegen. Die Zunahme liegt unter der der letzten Friedensjahre von 1909 bis 1913, die 20 Prozent betrug.

Das Kaiserreich und die Gebietsverluste nach 1918

Dänemark

Nordschleswig
fällt an Dänemark
nach Volksabstimmung

Helgoland

Lübeck
zu Oldenburg

Freie Stadt
Lübeck

Grhzm.
Mecklenburg-Schwerin

Schwerin

Cuxhaven
zu Hamburg

Bremerhaven
zu Bremen

Freie Stadt
Hamburg

Neus

Oldenburg

Freie Stadt
Bremen

Grhzm.
Oldenburg

Grhzm.
Mecklenburg-
Strelitz

Fsm. Schaumburg-Lippe

Hzm. Braunschweig

Berli

Niederlande

Bückeburg

Braunschweig

Detmold

Dessau

Fsm. Lippe-Detmold

Hzm. Anhalt

Arolsen

Kgr. Sachsen

Gotha

Weimar

Altenburg

Gera

Fsm. Waldeck-Pyrmont

Thüringische Staaten

Rudolstadt

Greiz

Grhzm.
Hessen-Darmstadt

Meiningen

Belgien

Eupen-Malmedy
fällt an Belgien

Coburg

Birkenfeld
zu Oldenburg

Darmstadt

Luxemburg

Saarland
wird dem Völkerbund
unterstellt

Kgr. Bayern (Pfalz)

Elsaß-Lothringen
wird wieder französisch

Karlsruhe

Stuttgart

Kgr. Bayern

Frankreich

Straßburg

Kgr. Württemberg

Hohenzollern
(Preußen)

München

Grhzm. Baden

Schweiz

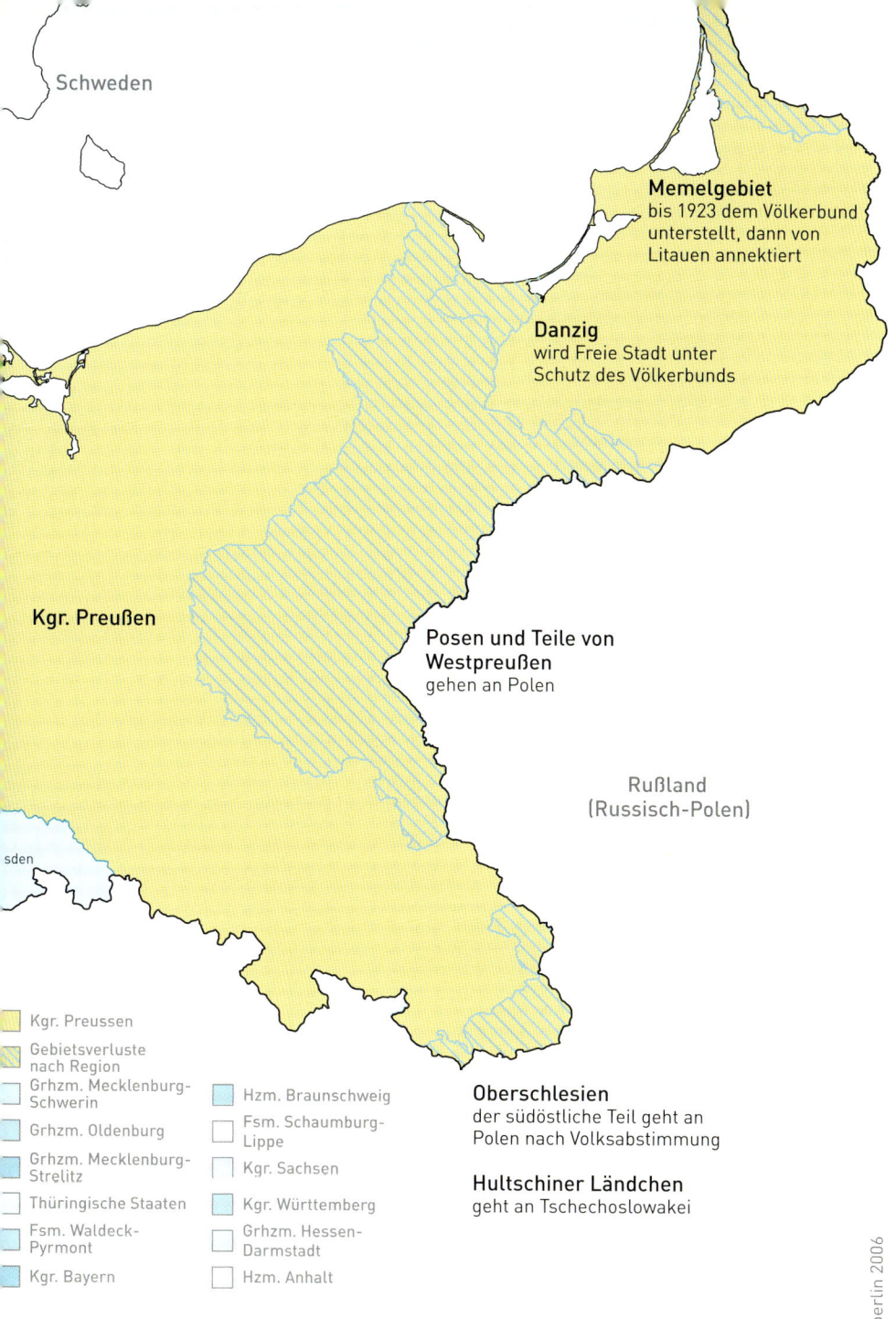

Schweden

Memelgebiet
bis 1923 dem Völkerbund
unterstellt, dann von
Litauen annektiert

Danzig
wird Freie Stadt unter
Schutz des Völkerbunds

Kgr. Preußen

Posen und Teile von
Westpreußen
gehen an Polen

Rußland
(Russisch-Polen)

sden

Oberschlesien
der südöstliche Teil geht an
Polen nach Volksabstimmung

Hultschiner Ländchen
geht an Tschechoslowakei

Kgr. Preussen

Gebietsverluste
nach Region

Grhzm. Mecklenburg-
Schwerin

Grhzm. Oldenburg

Grhzm. Mecklenburg-
Strelitz

Thüringische Staaten

Fsm. Waldeck-
Pyrmont

Kgr. Bayern

Hzm. Braunschweig

Fsm. Schaumburg-
Lippe

Kgr. Sachsen

Kgr. Württemberg

Grhzm. Hessen-
Darmstadt

Hzm. Anhalt

Österreich-Ungarn

© kleiner und bold, berlin 2006

Deutschstämmige Flüchtlinge aus Ostgebieten

Das Deutsche Reich verliert als Folge des Ersten Weltkrieges 11 Prozent seiner Bevölkerung. Das größte deutsche Land Preußen verliert 17,1 Prozent an Fläche.

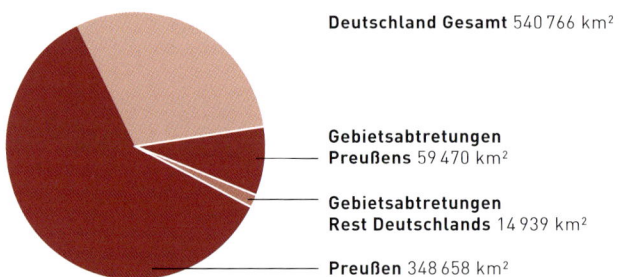

Deutschland Gesamt 540 766 km²

Gebietsabtretungen Preußens 59 470 km²

Gebietsabtretungen Rest Deutschlands 14 939 km²

Preußen 348 658 km²

Gebietsabtretungen des Deutschen Reichs in der Folge des Versailler Vertrages

Land/Provinz	Fläche in km²	in %	Bevöl-kerung in Tsd.	in %	Abtretungen an
Deutschland 1914	**540 766**	**100,0 %**	**67 790**	**100,0 %**	
davon Preußen 1914	348 658	64,5 %	42 000	62,0 %	
Abgetretene Gebiete 1920	**74 410**	**13,8 %**	**7458**	**11,0 %**	
von Preußen 1920	59 470	17,1 %	5512	13,1 %	
Memelland Südkreis Neidenburg Provinz Ostpreußen	3158	0,6 %	166	0,2 %	Litauen/Polen
Danzig (Freie Stadt) Provinz Westpreußen	1914	0,4 %	331	0,5 %	Freie Stadt
Provinz Westpreußen	17 779	3,3 %	1295	1,9 %	Polen
Oberschlesien Hultschiner Ländchen Provinz Schlesien	4041	0,7 %	967	1,4 %	Polen /Tschecho-slowakei
Provinz Posen	26 042	4,8 %	1947	2,9 %	Polen
Nordschleswig Provinz Schleswig-Holstein	3993	0,7 %	166	0,2 %	Dänemark
Eupen-Malmedy Rheinprovinz	1036	0,2 %	60	0,1 %	Belgien
Saarbecken Rheinprovinz	1926	0,4 %	652	1,0 %	Sonderstatus Völkerbund
davon Saarpfalz Bayern	419		72		Bayern
Elsaß-Lothringen Reichsland	14 521	2,7 %	1874	2,8 %	Frankreich
Deutschland 1925	**466 356**	**100,0 %**	**62 411**	**100,0 %**	
davon Preußen 1925	291 700	62,5 %	38 206	61,2 %	

Quelle: Statistisches Jahrbuch Deutsches Reich; eigene Berechnungen

Erörterung, jetzt müssen die Dinge ihren Lauf nehmen.« Sie haben an diesem 6. November, ausgehend von dem Aufstand der Kieler Matrosen, ohnehin schon längst ihren Lauf genommen.

Revolutionäre Soldaten der Münsteraner Garnison ziehen am 9. November 1918 durch die Salzstraße. Sie haben soeben einen Soldatenrat gewählt, dem sich bald wie überall in Deutschland Arbeiterräte anschließen werden.

Die Ereignisse in München besiegeln endgültig das Schicksal auch der Hohenzollerndynastie. An der Isar hatte am 7. November zum ersten Mal ein deutscher Thron gewackelt und war gestürzt worden. Wie sehr die Stimmung in Bayern gegen das Militär und den Krieg aufgeheizt war, konnte der Theologe Ernst Troeltsch bereits im September berichten, als er auf einer Bauernversammlung im Allgäu »einen geradezu erschreckenden Ausbruch dieses Hasses gegen die Offiziere« beobachtete. Jetzt, zurück in Berlin, redet man ihn am Morgen des 9. November scherzhaft als »bayerischen Republikaner« an, da in seiner bayerischen Heimat seit zwei Tagen bereits die Republik ausgerufen war. Zu dieser Zeit ist Wilhelm II. noch Kaiser des Deutschen Reiches.

Der 9. November

Die erste Nachricht, daß der Kaiser die Absicht habe zurückzutreten, erreicht Max von Baden am 9. November um 11 Uhr. Doch als bis Mittag immer noch keine offizielle Bestätigung vorliegt, läßt Prinz Max ohne Rücksprache mit dem Hauptquartier in Spa eine Erklärung an das *Wolffsche Telegraphenbüro* aufsetzen, daß Wilhelm II. die Absicht habe, dem deutschen und preußischen Thron zu entsagen. Er selbst wolle so lange im Amt bleiben, bis alle mit der Abdankung und der Einsetzung eines neuen Regenten zusammenhängenden Fragen geklärt seien. Dem Regenten werde er anschließend die Ernennung des Abgeordneten Friedrich Ebert zum Reichskanzler vorschlagen.

Der aufregende Tag sollte allerdings ganz anders verlaufen. Am Mittag, während Harry Graf Kessler sich mit Józef Pilsudski im Hotel *Continental* zu einem verspäteten Frühstück trifft, wird in Berlin die Maikäferkaserne von Aufständischen gestürmt. Es gibt drei Tote. Ernst Troeltsch beobachtet zur gleichen Zeit, wie Offizieren auf dem Charlottenburger Schloßplatz Säbel mit

Der engere Generalsoldatenrat des VII. Armeekorps in Münster im November 1918. 2. und 3. von links sitzend die Vorsitzenden Buse und Engel.

Gewalt abgenommen und Achselstücke abgerissen werden. Die Revolution hat auch die Hauptstadt erreicht. Die Bahnhöfe werden besetzt, die Hauptpostämter und auch mehrere Zeitungsredaktionen wie der *Berliner Lokal-Anzeiger*, der an diesem Tag mit seiner zweiten Abendausgabe als *Die rote Fahne* erscheinen wird. An einigen Orten wird geschossen, aber das ist eher die Ausnahme.

Seit dem 8. November war in Berlin eine revolutionäre Situation herangereift. In den Großbetrieben hatte Generaloberst von Linsingen, der Oberbefehlshaber der Marken, bewaffnete Posten aufstellen lassen, und an diesem Tag war der Arbeiterführer Ernst Däumig verhaftet worden. Rote Matrosen sickerten in die Stadt, und die Arbeiter drängte es auf die Straße. Am 9. November um 9 Uhr morgens hatte die SPD durch Otto Wels den Generalstreik ausrufen lassen und sich mit Vertretern der Unabhängigen Sozialdemokraten über eine gemeinsame Regierung verständigt. Besonderen Eindruck machte auch, daß Otto Wels die Naumburger Jäger, ein erst seit ein paar Tagen nach Berlin verlegtes, besonders

Münster, 9. November 1918. Der Standortkommandeur Hosch läßt die Soldaten der Aegidikaserne zum Appell antreten und hält aus Anlaß der Wahl des ersten Soldatenrats der Stadt eine Ansprache. Am Morgen des 4. November haben die Matrosen des 3. Geschwaders in Kiel den ersten Soldatenrat im Reich gewählt.

kaisertreues Bataillon, auf seine Seite ziehen konnte. Andere Garnisonen folgen dem Beispiel der Jäger, die nun 60 Mann zum Schutz des *Vorwärts* abordnen. Bald hat Wels fast die gesamte bewaffnete Macht Berlins hinter sich und der SPD, indem er den Soldaten zuredet:»Es ist eure Pflicht, den Bürgerkrieg zu verhindern!« Auch das hat dazu geführt, daß in diesen revolutionären Stunden kaum geschossen wird.

In Spa sieht sich der Kaiser angesichts der beunruhigenden Nachrichten aus Berlin zu einer Lagebesprechung veranlaßt. General Graf Schulenburg schlägt vor, Wilhelm solle als Kaiser abdanken, jedoch König von Preußen bleiben und als solcher an der Spitze seines Heeres in die Heimat zurückkehren, um dort den Aufstand niederzuschlagen. Doch die Zeit der Kartätschenprinzen ist endgültig vorüber, das weiß am besten Ludendorffs Nachfolger Wilhelm Groener, der zu diesem Zeitpunkt den Mut findet, der ihm Tage zuvor angesichts der Offerte Friedrich Eberts gefehlt hatte. »Das Heer wird unter seinen Führern und Kommandierenden Generälen in Ruhe und Ordnung in die Heimat zurückmarschieren«, sagt er kühl und bestimmt dem Monarchen ins Gesicht, »aber nicht unter dem Befehl Eurer Majestät, denn es steht nicht mehr hinter Eurer Majestät.« Groener hatte verstanden, daß zu diesem Zeitpunkt die Monarchie nicht mehr zu retten war, wollte man nicht durch Bürgerkriegsszenarien wie die des Grafen Schulenburg den Staat als Ganzes aufs Spiel setzen. Am Morgen des 10. November ist Wilhelm bereits auf dem Weg in sein holländisches Exil, er wird seine Hauptstadt Berlin niemals wiedersehen. »Der trotz Behang und Geschirr, Tatü und Tata stets Zage floh ins Ausland«, kommentiert Maximilian Harden das Ereignis in seiner Zeitschrift *Die Zukunft:* »Fiel so würdelos, wie er gethront hatte.« Er hatte die Monarchie verspielt.

In Berlin war Friedrich Ebert am 9. November um 12.35 Uhr bei Prinz Max von Baden erschienen und hatte in Begleitung einer sozialdemokratischen Delegation die Übergabe der Macht gefordert. Um Ruhe und Ordnung zu bewahren und Blutvergießen zu vermeiden, so Ebert jetzt bei seinem Auftritt vor Max von Baden, sei nun die vollständige Regierungsübernahme durch die vereinigten Sozialdemokraten notwendig. Gegen die Aufnahme von bürgerlichen Kräften in die Regierung gebe es dabei keine Bedenken. Prinz Max möchte allerdings zunächst noch die Frage der Regentschaft geklärt wissen. Dafür sei es nun zu spät, erklärt ihm Ebert kurz und bündig. Zu sehr drohe die revolutionäre Bewegung im Reich außer Kontrolle zu geraten. »Jetzt heißt es, sich an die Spitze der Bewegung stellen, sonst gibt's doch anarchische Zustände im Reich«, hatte der Sozialdemokrat Philipp Scheidemann bereits am 6. November vor der Reichstagsfraktion verkündet. Das war es, was auch Ebert wollte, als er sich am

Friedrich Ebert:
Arbeiter, Zivilist, Reichspräsident

Der naturverbundene Friedrich Ebert versucht so oft wie möglich, das hektische Berlin hinter sich zu lassen. Der Unterschied zwischen der Hauptstadt und den Bergen in Süddeutschland erscheint ihm wie »Verdruß und Glück«. Auf die geliebten Wanderungen muß er als Reichspräsident verzichten: »Man ist eben nicht ungestraft auf diesem Posten.«

Am 4. Februar 1871 wird Friedrich Ebert als siebtes von neun Kindern eines Schneiders in Heidelberg geboren. Er besucht die Volksschule, erlernt das Sattlerhandwerk und geht anschließend auf Wanderschaft. Im Mai 1891 kommt Friedrich Ebert nach Bremen. Nach kurzer Tätigkeit als Redakteur übernimmt er 1894 als Pächter eine Gastwirtschaft. Sein unermüdliches Engagement für die Arbeiterbewegung bringt ihm schließlich eine besoldete gewerkschaftliche Tätigkeit als Arbeitersekretär ein.

Im Dezember 1905 zieht Friedrich Ebert mit seiner Familie von Bremen nach Berlin, um als Sekretär im zentralen Parteivorstand der SPD zu arbeiten. Mit 34 Jahren

Friedrich Ebert im Urlaub in Schwarzenberg in Thüringen. An diesem Tag hat Ebert die Verfassung von Weimar unterzeichnet.

ist Ebert das jüngste Mitglied im Parteivorstand, in dem er zur Fraktion der Reformer zählt. Er wird Mitglied im Reichstag und 1913 neben Hugo Haase Parteivorsitzender.

Als erster Reichspräsident der Weimarer Republik wird er zum Symbol einer neuen Zeit. Erstmals in ihrer Geschichte haben die Deutschen ein demokratisch gewähltes Staatsoberhaupt. Friedrich Ebert ist der erste Nichtadelige in dieser Funktion, der erste Sozialdemokrat, der erste Amtsinhaber proletarischer Herkunft, schließlich der einzige Demokrat an der Spitze des Deutschen Reiches zwischen 1871 und 1945.

Friedrich Ebert stirbt am 28. Februar 1925 im Alter von nur 54 Jahren. Seinem Wunsch entsprechend wird er in seinem Geburtsort Heidelberg beigesetzt.

Mittag des 9. November von Max von Baden zum neuen Reichskanzler ernennen ließ.

Philipp Scheidemann galt in der SPD als ein rhetorisches Naturtalent. 1865 in Kassel geboren, hatte er eine Karriere als Redakteur und Chefredakteur mehrerer sozialdemokratischer Zeitungen hinter sich, als er 1911 in das Sekretariat des Parteivorstandes berufen wurde. Während des Krieges war er immer konsequent für einen Verständigungsfrieden ohne Annexionen eingetreten und hatte gegen den Diktatfrieden von Brest-Litowsk opponiert, bevor er am 3. November 1918 in das Kabinett des Prinzen Max von Baden als Staatssekretär eingetreten war.

Am 9. November, nach dem Besuch Eberts bei Prinz Max, sitzt er mit dem neuen, aber immer noch kaiserlichen Reichskanzler im Reichstagsrestaurant bei einer Kartoffelsuppe, als draußen eine riesige Menschenmenge erscheint und nach Ebert und Scheidemann ruft. »Nieder mit dem Kaiser!« skandieren sie, »Nieder mit dem Krieg!« und »Hoch die Republik.« Einige sozialdemokratische Abgeordnete bedrängen Ebert und Scheidemann, sich dem Volk zu zeigen, doch Ebert lehnt ab. Der als glänzender Redner bekannte Philipp Scheidemann aber steht kurzentschlossen auf und folgt seinen Leuten durch die Gänge an ein geöffnetes Fenster.

Hier spielte sich dann die historische Szene ab, mit der die deutsche Republik endgültig aus der Taufe gehoben werden sollte. »Das Volk hat auf der ganzen Linie gesiegt«, ruft Scheidemann dem Meer von roten Fahnen unter sich zu: »Es lebe die deutsche Republik!« Friedrich Ebert war von diesem Alleingang alles andere als angetan. »Er schlug mit der Faust auf den Tisch und schrie mich an: ›Ist das wahr?‹«, schreibt Scheidemann später in seinen *Erinnerungen eines Sozialdemokraten:* »Als ich ihm antwortete, daß ›es‹ nicht nur wahr, sondern selbstverständlich sei, machte er mir eine Szene, bei der ich wie vor einem Rätsel stand. ›Du hast kein Recht, die Republik auszurufen! Was aus Deutschland wird, ob Republik oder was sonst, das entscheidet eine Konstituante!‹« In gewisser Weise hatte Ebert mit seinem legalistischen Standpunkt recht, denn daß Scheidemann unabgesprochen die Republik ausgerufen hatte, war zweifellos ein revolutionärer Akt, obwohl Ebert erst eine Stunde zuvor Prinz Max gegenüber zu verstehen gegeben hatte, daß es für eine Regentschaftslösung inzwischen zu spät sei. Die Frage nach der Staatsform wollte er auf jeden Fall erst von einer verfassunggebenden Versammlung geklärt wissen und sie nicht einem Akt revolutionärer Spontaneität überlassen.

Rechte Seite: Philipp Scheidemann und Otto Wels 1919 auf dem Weg zu einer Sitzung des Reichstages. Vom 3. Februar bis 20. Juni leitet Scheidemann als »Ministerpräsident« die Reichsregierung. Den Titel Kanzler führt erst sein Nachfolger Gustav (Adolf) Bauer. Seit 1919 ist der gelernte Tapezierer Otto Wels einer der beiden Parteivorsitzenden der SPD.

Wie ein bescheidenes Echo verhallt gegenüber Scheidemanns wirkungsvollem Auftritt Karl Liebknecht von der äußersten Linken, der zwei Stunden später, um 16 Uhr, vom Balkon des nunmehr vakanten und von Aufständischen besetzten Berliner Stadtschlosses aus die »freie sozialistische Republik Deutschland« verkündet. Der Mann dieses Tages ist nicht er, sondern Philipp Scheidemann. Das Morsche, hatte er am Mittag der Menge vor dem Reichstag zugerufen, sei nun endgültig zusammengebrochen, der Militarismus sei erledigt. Keine Worte hätten die von Friedenssehnsucht geprägte Mehrheitsstimmung besser treffen können. Die deutsche Revolution, hat Sebastian Haffner einmal bemerkt, war nicht sozialistisch oder kommunistisch. Sie war republikanisch und pazifistisch.

An diesem 9. November befindet sich Hans von Seeckt, der letzte deutsche Generalstabschef im Osmanischen Reich, im Orientexpreß auf der Heimreise von Konstantinopel nach Berlin. Noch im Zug erfährt er von der Abdankung des Kaisers. Er nimmt die Nachricht fassungslos und niedergeschlagen zur Kenntnis. Im *Continental* bereitet sich Józef Pilsudski auf seine Reise nach Warschau am nächsten Tag vor. Die beiden werden schnell zu Feinden werden, sobald es um die Nachkriegsordnung und die neuen polnischen Grenzen geht. Im Militärlazarett von Pasewalk nordöstlich von Berlin erholt

Damen der Wormser Industriellenfamilie Heyl im Park des Familienschlosses Herrnsheim zu Beginn der zwanziger Jahre. Das Großbürgertum hat sein Vermögen über die Revolution gerettet, wer – wie die Heyls – über Grundbesitz und Fabriken verfügt, wird auch die Inflation überstehen.

sich der 29jährige Gefreite Adolf Hitler von den Folgen einer Senfgasvergiftung, die er sich Mitte Oktober bei Ypern zugezogen hat. Die Nachricht über das »ungeheure Ereignis« des 9. November, wird er später sagen, habe bei ihm seitdem einen tiefsitzenden »Haß gegen die Urheber dieser Tat« aufkeimen lassen.

Am Abend des 9. November wird der Reichstag von Revolutionären Obleuten, linken Unabhängigen und Liebknechts Spartakisten besetzt. Dieser Akt der Gewalt ist eine erste Irritation in dem bisher fast reibungslos friedlichen Verlauf der deutschen Revolution. Die Revolutionären Obleute hatten sich während der Streiks vom Januar 1918 gebildet und eigentlich einen Aufstand für den 11. November geplant, doch die politische Entwicklung war ihnen zuvorgekommen. »Unter den Säulen der Wandelhalle liegen und stehen auf dem mächtigen roten Teppich Gruppen von Soldaten und Matrosen«, berichtet Harry Graf Kessler, »Gewehre sind zusammengestellt, hier und da schläft einer auf einer Bank lang hingestreckt; ein Film aus der russischen Revolution, Taurisches Palais unter Kerenski. Die Tür des Sitzungssaals fliegt auf. Während die Wandelhalle ziemlich dunkel ist, ist dieser grell beleuchtet; Bogenlicht. Mir fällt zuerst nur seine Häßlichkeit auf; nie ist er mir so würdelos und kneipenhaft

Zurichten des gewalkten Leders in den Heylschen Lederwerken Liebenau in Worms, 1921. Die Arbeiter erkämpfen in der Revolution den 8-Stunden-Tag, haben aber noch eine 6-Tage-Woche. Nicht selten wird trotz gesetzlicher Vorschriften aber in Handwerk und Industrie noch 60 Stunden in der Woche gearbeitet.

vorgekommen, dieser lächerliche ›altdeutsche‹ Kasten, eine schlecht imitierte Augsburger Truhe. In ihm wogt zwischen den Bänken eine Menschenmenge, eine Art Volksversammlung, Soldaten ohne Kokarden, Matrosen mit umgehängtem Karabiner, Frauen, alle mit roten Schleifen, dazwischen Abgeordnete, um die sich kleine Gruppen bilden.« Unverhofft weht ein Hauch von Petrograd durch Berlin.

Der Plenarsaal ist mit roten Tüchern ausgeschlagen und zur Überraschung der herbeigeeilten Abgeordneten zu einem Revolutionsparlament umfunktioniert worden, in dem die bekannten Obleute Richard Müller und Emil Barth die großen Reden schwingen. Man erklärt sich zur ersten Versammlung der Arbeiter- und Soldatenräte Deutschlands und verabschiedet eine Resolution, nach der am nächsten Morgen in allen Fabriken und Kasernen Arbeiter- und Soldatenräte gewählt werden sollen, die sich um 17 Uhr im Zirkus Busch treffen, um dort als provisorische Regierung einen »Rat der Volksbeauftragten« zu ernennen. Von der legitimen Regierung Ebert ist in dieser Resolution keine Rede. Das Dokument ist eindeutig eine revolutionäre Kampfansage.

Räteherrschaft oder parlamentarische Demokratie?

Doch am nächsten Tag herrscht weitgehend Ruhe in Berlin. »Sonntag, der 10. November, war ein wundervoller Herbsttag«, notiert Ernst Troeltsch: »Die Bürger gingen in Massen wie gewöhnlich im Grunewald spazieren. Keine eleganten Toiletten, lauter Bürger, manche wohl absichtlich einfach angezogen. Alles etwas gedämpft wie Leute, deren Schicksal irgendwo weit in der Ferne entschieden wird, aber doch beruhigt und behaglich, daß es so gut abgegangen war. Trambahnen und Untergrundbahn gingen wie sonst, das Unterpfand dafür, daß für den unmittelbaren Lebensbedarf alles in Ordnung war. Auf den Gesichtern stand geschrieben: Die Gehälter werden weiterbezahlt.« An diesem Tag stellt sich Harry Graf Kessler die Frage, ob wohl die Liebknecht-Leute und mit ihnen der rote Terror oder der gemäßigte Teil der Sozialdemokratie siegen werden, doch er macht schon am Abend eine beruhigende Feststellung, als er mit dem Chef der roten Garde, einem jungen Matrosen, im *Excelsior*-Hotel ins Gespräch gerät.

»Gehorsam gegen die neue Regierung, Wahrung von Ordnung und Ruhe, Feindschaft gegen alle Gewalt einschließlich von Plünderungen«, das sei ihr Programm, läßt der Rotgardist Kessler wissen. »Ein junger Mensch von etwa dreiundzwanzig bis vierundzwanzig Jahren, der die Revolution in Kiel mitmacht«, so der Graf, »ein einfacher Mann, der die Gesinnung der großen Mehrheit unserer Revolutionäre ausspricht. Alles in allem war trotz der Schießereien die Haltung des Volkes in den beiden bisherigen Revolutionstagen ausgezeichnet: diszipliniert, kaltblütig, ordnungsliebend, eingestellt auf Gerechtigkeit, fast durchweg gewissenhaft. Ein Gegenstück zur Opferfreudigkeit im August 1914.« Schließlich hatte die Bewegung der Matrosen mit einer Rebellion gegen die sinnlose Wiederaufnahme der »Opferfreudigkeit« durch eine marodierende Seekriegsleitung Ende Oktober begonnen. Deutschland, so die in diesen Novembertagen weitverbreitete Friedensstimmung, sollte nicht länger von politischen Hasardeuren regiert werden.

In dieser Stimmung verläuft auch die Sitzung der Arbeiter- und Soldatenräte im Zirkus Busch. Am frühen Nachmittag des 10. November hatte sich Ebert mit Hugo Haase, dem Parteivorsitzenden der Unabhängigen Sozialdemokraten, auf ein paritätisch aus Mehrheitssozialisten und Unabhängigen zusammengesetztes Kabinett geeinigt. Es nimmt umgehend die alliierten Waffenstillstandsbedingungen an, so daß am nächsten Tag der Zentrumsabgeordnete Matthias Erzberger in einem eigens in den Wald von Compiègne gebrachten Salonwagen seitens der Reichsregierung den Waffenstillstand unterzeichnen kann, mit dem der Weltkrieg offiziell beendet wird. Daß in solchen Tagen der Versuch der Revolutionären Obleute, das

Pendel im Reich durch eine zufällig zusammengesetzte Räteversammlung und mit unabsehbaren Risiken weit nach links ausschwingen zu lassen, nur geringe Erfolgsaussichten haben konnte, kann nicht verwundern. Zu sehr waren auch die Arbeiter- und Soldatenräte erfüllt von der Sehnsucht nach Frieden, und diese manifestierte sich vor allem auch als Wunsch nach Einheit der beiden sozialdemokratischen Parteien, die das Abkommen vom Nachmittag des 10. November und die Annahme der Waffenstillstandsbedingungen gemeinsam auf den Weg gebracht hatten.

Der Rätekongreß von 3000 Arbeiter- und Soldatenräten im Zirkus Busch am Abend gerät, ganz entgegen den Absichten der Revolutionären Obleute, zu einem Triumph für Friedrich Ebert. Otto Wels hatte in unermüdlicher Nachtarbeit dafür gesorgt, daß die gewählten Abgeordneten der hinter ihm stehenden Soldatenräte fast ausschließlich aus mehrheitssozialistischen Kandidaten bestanden. So haben Barth und Müller keine Chance und auch der noch weiter links stehende Karl Liebknecht nicht, der während einer kritisch gegen Ebert gerichteten scharfen Rede von den Rängen vor der Manege mit den Rufen »Einheit! Einheit!« niedergebuht wird. Ebert dagegen hatte gleich zu Beginn der Versammlung die Mehrheit spürbar auf seiner Seite gehabt, als er die am frühen Nachmittag vollzogene Einigung der sozialistischen Parteien bekanntgab. Am Ende bestätigt die Versammlung die neue Reichsregierung, die sich nun »Rat der Volksbeauftragten« nennen sollte, und geht nach dem gemeinsamen Absingen der »Internationale« nach Hause. Man war erleichtert, daß man die alten Hasardeure los war, und man wollte nun nicht erneut von Hasardeuren, diesmal linker Provenienz, regiert werden.

Das sieht zweifellos auch Friedrich Ebert so, der allerdings schnell in die Gefahr gerät, den politisch wichtigen Unterschied zwischen potentiellen und wirklichen Gefahren zu verwischen. »Ohne Demokratie keine Freiheit«, so seine tiefe Überzeugung, »Gewalt, einerlei, von wem sie angewandt wird, ist immer reaktionär.« Damit wollte er sich gegen die Macht der Straße wenden, gegen Liebknecht, den er am Morgen des 9. November erlebt hatte, wie er, so Eduard Bernstein, in »fast befehlendem Ton« bei den Verhandlungen zwischen SPD und Unabhängigen die Gewaltenteilung durch eine allmächtige, Gesetzgebung, Regierung und Gerichtsbarkeit in sich vereinigende Rätediktatur zu ersetzen gefordert hatte. An jenem entscheidenden Tag war ihm schon Philipp Scheidemanns Auftritt am Fenster des Reichstags zuviel gewesen. Nun hatte er erleben müssen, wie Liebknecht und die Revolutionären Obleute durch die Besetzung des Reichstags und die Versammlung im Zirkus Krone mit einem versuchten *coup d'état* jene Forderungen doch noch durchsetzen wollten, für die sie am Morgen des 9. November bei den Verhandlungen der legitimierten Par-

teien kaum Gehör gefunden hatten. »Die alten Tyrannen sind verjagt«, so Ebert. »Aber ebenso begegnen wir auch der Aufrichtung jeder neuen Gewaltherrschaft, die verhindern will, daß unser Volk in freier Wahl sein Schicksal selbst bestimmt.« Eberts demokratische Alternative zu Liebknechts Rätemodell ist die Forderung nach einer schnellstmöglich zu bildenden konstituierenden Nationalversammlung, die auch eine Verfassung für die neue deutsche Republik zu verabschieden hätte. »Die Freiheit allein bietet

Beamte und Inspektoren der Kohlegrube Alexander-Schacht des Erzgebirgischen Steinkohlen Aktienvereins in Zwickau um 1920. Da sind die Wirren der Revolution schon vorüber. Auch in Zwickau hat am 9. November 1918 ein Soldatenrat vorübergehend die Macht übernommen. In den folgenden Tagen erweitert er sich zum Arbeiter- und Soldatenrat.

Schutz gegen den Bürgerkrieg«, so Friedrich Ebert, »und deshalb muß die Freiheit gesichert werden.« Aber waren die alten Tyrannen wirklich verjagt? War Liebknecht wirklich so gefährlich?

Eberts Dilemma

Ebert jedenfalls ist dieser Ansicht, als er am Abend des 10. November, nach der Versammlung im Zirkus Busch, mit Wilhelm Groener telefoniert. Über dieses Telefonat ist viel spekuliert worden, und es gibt dazu nur die Darstellung, die Groener selbst gegeben hat. »Am Abend rief ich die Reichskanzlei an und teilte Ebert mit, daß das Heer sich seiner Regierung zur Verfügung stelle«, so Groener, »daß dafür der Feldmarschall und das Offizierscorps von der Regierung Unterstützung erwarteten bei der Aufrechterhaltung der Ordnung und Disziplin im Heer. Das Offizierscorps erwarte von der Regierung die Bekämpfung des Bolschewismus und sei dafür zum Einsatz bereit. Ebert ging auf meinen Bündnisvorschlag ein.«

Zweifellos waren sich Ebert und Groener, wie dessen Auftritt vor Wilhelm II. gezeigt hatte, in der Ablehnung des Bürgerkriegs einig. Ebert brauchte das Heer auch, um das Reich gegen russische Übergriffe auf Ostpreußen und polnische Einfälle in Westpreußen, Posen und Schlesien schützen zu können. Das Waffenstillstandsabkommen, das wußte Ebert, das Erzberger am folgenden Tag unterzeichnen würde, sah den Verbleib deutscher Truppen im Baltikum vor, um dort eine Machtergreifung der russischen Bolschewiki zu verhindern. Zudem mußte eine funktionierende Kommandostruktur schon deshalb aufrechterhalten werden, um die ordnungsgemäße Rückführung der Millionenheere im Osten und Westen in die Heimat gewährleisten zu können. Daß diese Heere durch die Auflösung der militärischen Befehlsgewalt in Kriegsgefangenschaft geraten würden, konnte Ebert auf keinen Fall riskieren. Doch brauchte er dafür ein »Bündnis« mit dem Heer? Bündnisse werden, wie Hagen Schulze in diesem Zusammenhang zu Recht bemerkt, für gewöhnlich nur zwischen gleichberechtigten Mächten abgeschlossen. Offensichtlich betrachtete Groener das Heer aber immer noch als einen Staat im Staat, und Ebert hat ihm nicht widersprochen. So schnell waren die alten Tyrannen doch nicht zu verjagen.

Groener wußte genau, weshalb er diese Formulierung wählte. An einem entscheidenden Punkt hatte sich Ebert im Zirkus Busch nicht durchsetzen können. Er betraf die zukünftige Militärpolitik. Mehrheitlich stimmten die Delegierten, sonst ganz auf der Linie Eberts, für die sofortige Entlassung des Feldmarschalls von Hindenburg, die Auflösung der Kadettenschulen und die Einrichtung einer Volkswehr, die künftig unter dem Oberbefehl des Kabinetts stehen sollte. Daß Groener damit ganz und gar nicht einverstanden war, hat er mit seinem Bündnisvorschlag überdeutlich zum Ausdruck gebracht, und Ebert hat dem nachgegeben. Am 11. November ersucht er auf Groeners Bitte hin die Oberste Heeresleitung, »für das gesam-

Hunger in Deutschland: Morgen ist Weltuntergang

Ilja Ehrenburg ist einer der vielen Intellektuellen, die sich aus dem revolutionären Rußland absetzen, um in Berlin auf eine Gesellschaft zu treffen, die ebenso aus den Fugen geraten ist wie die eigene. Der Sohn einer deutschsprachigen jüdischen Familie aus Kiew quartiert sich in einer Pension am Prager Platz ein, ißt im »Cafe Josty« Kuchen aus gefrorenen Kartoffeln und streift am Abend mit Freunden und Bekannten durch die Stadt. Das ist eine seiner Geschichten:

»Wir ... landeten schließlich in einer durchaus gutbürgerlichen Wohnung. An den Wänden hingen die Portraits der männlichen Familienmitglieder in Offiziersuniform sowie die Darstellung eines Sonnenuntergangs. Man reichte uns Sekt, das heißt: Limonade mit etwas Alkohol darin. Dann kamen die beiden Töchter des Hauses in unbekleidetem Zustand herein und begannen zu tanzen. Die Mutter blickte die ausländischen Gäste hoffnungsvoll an: Vielleicht würden sie Gefallen an ihren Töchtern finden und gut bezahlen, selbstredend in Dollars. ›Und so was nennt sich Leben‹, seufzte die ehrbare Familienmutter, ›dabei ist es der reinste Weltuntergang.‹«

Familie beim Abfischen der Urft bei Schleiden, Eifel, 1920. Revolution und neue Verfassung ändern auf dem Land kaum den Alltag der Menschen.

te Feldheer anzuordnen, daß die militärische Disziplin, Ruhe und straffe Ordnung im Heer unter allen Umständen aufrechtzuerhalten sind«. Die Soldatenräte hätten die Offiziere dabei »rückhaltlos« zu unterstützen.

Für Eberts eigene Bündnispolitik in Berlin war die damit verbundene Wiederherstellung der vorrevolutionären Zustände im Militär mehr als verhängnisvoll, denn sie führte in der Konsequenz zum Rückzug der Unabhängigen aus dem Kabinett, der am 29. Dezember 1918 formell vollzogen wurde. Eberts Politik der Absicherung eines ordnungsgemäßen Ablaufs der Revolution bis weit nach links war schon mit dieser Entscheidung gescheitert. Noch einmal hatte ein Kongreß der Feld- und Soldatenräte in Bad Ems Anfang Dezember durchgreifende Reformen des obrigkeitsstaatlichen Systems im Militär gefordert. Noch einmal war Ebert nach einem Protest der Obersten Heeresleitung gegen diese Forderung eingeknickt. Mit der Absicht, Chaos zu verhindern, hat Ebert eine Politik der gebremsten Revolution betrieben, die weit über

Mitglieder der Arbeiter-Samariter-Kolonne Kaiserslautern um 1920. Reichsweit organisierte »Arbeiter-Samariter« gibt es in Deutschland seit 1900. Der Arbeiter-Samariter-Bund steht der Mehrheitssozialdemokratie nahe.

Ernst Jünger: »In Stahlgewittern«

»›In Stahlgewittern‹ ist unstreitig das schönste Kriegsbuch, das ich kenne; vollständig gutgläubig, wahrheitsgemäß, ehrlich«, schreibt der Schriftsteller André Gide 1942. Peter Handke urteilt vierzig Jahre später: »Jemand wie Ernst Jünger hat sicher die Todesangst überwunden ... und was hat er damit gewonnen? Selbstgefälligkeit und Auserwähltheitsdünkel.« Diese konträren Positionen sind typisch für die Rezeption Jüngers: Kein deutscher Schriftsteller im 20. Jahrhundert ist so umstritten wie er.

Das Kriegstagebuch »In Stahlgewittern« des 25jährigen Autors erscheint 1920. Es ist Jüngers erste größere Publikation und erzählt von seinen Erlebnissen als Leutnant und Kompanieführer zwischen Januar 1915 und August 1918. »In einem Regen von Blumen waren wir hinausgezogen in trunkener Morituri-Stimmung«, schreibt Jünger zu Beginn seines Buches, das seine Wirkung vor allem aus den Passagen bezieht, in denen der Autor in einfacher Sprache und beinahe unbeteiligt seine Erfahrungen schildert.

Bis heute erlaubt sein Buch viele Lesarten. Die einen werfen Jünger Kriegsverherrlichung vor, die anderen weisen auf seine letztlich distanzierte Haltung zum Krieg als dem »Schlachtfeld einer Wüste des Irrsinns« hin. Die Nationalsozialisten sehen in dem jungen Schriftsteller einen Geistesverwandten. Und Jünger sympathisiert durchaus mit ihren Ideen: »Wir wünschen dem Nationalsozialismus von Herzen den Sieg.« Doch als Hitler ihm ein Reichstagsmandat anbietet, hält Jünger Distanz.

---

das erforderliche Maß hinausging. Nirgendwo kommt es zu Entlassungen von erklärtermaßen republikfeindlichen Beamten oder Militärs, nicht einmal in Schlüsselpositionen. Es gibt nicht einmal die Androhung, daß illoyales Verhalten Konsequenzen haben könnte.

Eine Ausnahme bildet der Fall des Staatssekretärs im Auswärtigen Amt, Wilhelm Heinrich Solf. Er hatte es sich nicht nur zur Angewohnheit gemacht, dem ihm zugeteilten Beigeordneten Karl Kautsky von den Unabhängigen Sozialdemokraten Schriftstücke nach Belieben vorzuenthalten, sondern am 13. November, auch unter Umgehung seines Ressortchefs Hugo Haase, in einer geheimen Botschaft die Siegerstaaten gebeten, bei einem Überhandnehmen der revolutionären Bewegung in Deutschland vor einer Invasion nicht zurückzuschrecken. Er reicht einen Monat später aus freien Stücken seinen Rücktritt ein.

Doch die Gewohnheit, aus alter Überheblichkeit fachbezogene Sachkenntnisse und Vorurteile gegen die neuen sozialistischen *Parvenus* in

politischen Ämtern auszuspielen, ist weit verbreitet, oft gepaart mit verstocktem antirepublikanischem Eigensinn, der wirkliche Loyalitätsbeziehungen zur neuen Macht wirksam verhindert. Bald ist es so, daß der pommersche Landbund, von je her jeder demokratischen Bewegung abhold, sich damit beschäftigt, gegen die neu gegründeten Landarbeitergewerkschaften mit paramilitärischen Verbänden vorzugehen.

Auch die Sozialisierung kommt nicht voran. »Die Demokratie muß so verankert werden, daß eine Reaktion unmöglich wird«, hatte der Unabhängige Sozialdemokrat Rudolf Hilferding am 18. November warnend geschrieben, »die Verwaltung darf nicht zum Tummelplatz konterrevolutionärer Bestrebungen dienen. Vor allem müssen wir beweisen, daß wir nicht nur Demokraten, sondern auch Sozialisten sind.« Doch Ebert fürchtet dabei Schwierigkeiten bei der Rückführung der Soldaten in die Produktion, und er will den Verfassungsberatungen der Nationalversammlung nicht vorgreifen.

Am 15. November schließen der Konzenchef Hugo Stinnes und Carl Legien von der Generalkommission der Freien Gewerkschaften ein Abkommen, das ohnehin jeder weitgehenden Sozialisierung einen Riegel vorschiebt, indem es das Prinzip der Sozialpartnerschaft festschreibt. Die Unternehmer erkennen mit diesem Abkommen die Gewerkschaften als legitime Vertreter der Arbeiter und als Tarifpartner an und garantieren allen Rückkehrern den Anspruch auf ihren früheren Arbeitsplatz. Das betrifft acht Millionen Soldaten, von denen der größte Teil bis Ende Januar 1919 tatsächlich wieder in die Zivilwirtschaft integriert ist. In Betrieben mit über 50 Mitarbeitern werden Arbeiterausschüsse eingerichtet, und der Arbeitstag wird generell auf acht Stunden festgelegt. Das ist ganz in Eberts Sinn, auch wenn die Unabhängigen weiter auf Sozialisierung drängen, was zu einem weiteren Keim jenes Dissenses wird, der Ende Dezember ausbricht.

Wilhelm Groeners Bündnisangebot an Ebert war eine Zusage, der im Spätherbst 1918 noch jeder feste Boden fehlt. Tatsächlich ist er nicht wirklich in der Lage, die neue Reichsregierung zu unterstützen, denn innerhalb des Reichs verfügt er kaum über einsatzfähige Truppen. Nur im Feldheer jenseits der Grenzen sind die Kommandostrukturen noch intakt, während die heimkehrenden Einheiten sich oft schneller als geplant und nicht selten ungeordnet auflösen. »Alles will in die Heimat«, teilt Groener Ebert am 14. November mit, »alle Rücksicht auf den Feind, Pferde und Material und die Erhaltung des Friedensheeres treten zurück.« Was

Linke Seite: Bereitschaftspolizei des Freistaats Sachsen während einer Übung bei Zwickau. In Sachsen hat sie zunächst den Anweisungen einer deutlich linken Regierung zu folgen. Allein die Mehrheitssozialdemokraten erhalten bei den ersten Wahlen zum sächsischen Landtag über 41 Prozent der Stimmen, die USPD mehr als 16 Prozent.

Kriegerdenkmäler:
Dem Gedächtnis der Helden

Alle deutschen Gemeinden haben nach dem Ersten Weltkrieg viele Gefallene zu beklagen, und nahezu jede Ortschaft errichtet ein Kriegerdenkmal. In einer kleinen Stadt wie dem westfälischen Hagen mit 100 000 Einwohnern stehen zwanzig Kriegerdenkmäler, in der Hauptstadt Berlin fast 200.

Schon im Kaiserreich werden auf deutschen Plätzen, an Straßen und in Parks Tausende von Statuen und Monumenten errichtet. Es gibt kaum eine Gemeinde ohne Bismarckdenkmal oder Wilhelmsturm. Allein den ersten Kaiser ehren 232 Standbilder, den Reichskanzler noch einige mehr. Die beiden großen Preußen sind Symbolfiguren einer glorreichen Zeit mit gleich drei gewonnenen Kriegen. Der tote Soldat aus dem letzten, verlorenen Krieg wird zum Symbol von Aufopferung und Heldenmut.

Die Schlachten im Ersten Weltkrieg sind enorm verlustreich. In der Marne-Schlacht sterben 550 000, vor Verdun 700 000, vor Ypern fast 250 000 Soldaten. Diese oft namenlosen Opfer, in Massengräbern verscharrt oder im Schlamm zwischen den Fronten liegengeblieben, ehren die Denkmäler mit ihren heroischen Inschriften:

Fürs Vaterland starben ...
Aus dieser Gemeinde / zogen in Kampf und Tod ...
Dem Gedächnis seiner Helden...
Ehret Die Helden – Liebet Das Vaterland...

Kurt Tucholsky träumt dagegen von einem »Denkmal für den unbekannten Pazifisten«. Als Inschrift schlägt er vor: »Hier lebte ein Mann, der sich geweigert hat, auf seine Mitmenschen zu schießen. Ehre seinem Andenken.« Dieses Monument wird natürlich nie errichtet.

Vertreter der Reichswehr, der ehemals königlich-sächsischen Armee und von Kriegervereinen bei der feierlichen Enthüllung eines städtischen Kriegerdenkmals, 1924.

tatsächlich für den Schutz der Reichsregierung zur Verfügung steht, sind Formationen wie das hauptsächlich aus sozialdemokratischen Unteroffizieren rekrutierte »Regiment Reichstag« oder die aus revolutionären Matrosen zusammengestellte »Volksmarinedivision«. Alle anderen Versuche, eine »Republikanische Soldatenwehr«, eine »Freiwillige Volkswehr« oder eine »Republikanische Schutztruppe« zu gründen, haben wenig Erfolg.

Mitglieder der Volksmarinedivision vor dem Berliner Stadtschloss im November 1918. Während der Weihnachtstage kommt es hier zu einem bewaffneten Konflikt mit Regierungstruppen. Es gibt mehrere Tote. Der Zwischenfall führt zum Auseinanderbrechen der Koalition von Unabhängigen und Mehrheitssozialdemokraten.

Sehr stark macht sich auch hier bemerkbar, daß die Revolution in erster Linie dem tiefen Bedürfnis entsprungen war, den Krieg so schnell wie möglich zu beenden und die Waffen abzugeben, um endlich nach Hause gehen zu können. Nur eine revolutionäre Minderheit, deren Kern die Spartakusgruppe bildet, will die Revolution weitertreiben. Viele von ihnen sind bewaffnet, teils finanziert durch Gelder, die von der sowjetrussischen Botschaft zur Verfügung gestellt werden, was am 5. November zum Abbruch der diplomatischen Beziehungen und zur Ausweisung des seit dem Vertrag von Brest-Litowsk Unter den Linden residierenden Botschafters Joffe führt.

Polarisierung der Stimmung in Berlin

Am 6. Dezember ziehen Matrosen der Volksmarinedivision, unterstützt von Angehörigen der Ersatzbataillone des Infanterieregiments »Kaiser Franz«, vor der Reichskanzlei in der Wilhelmstraße auf und veranstalten eine Demonstration für Ebert. Sie haben es aber vor allem auf den Berliner Vollzugsrat der Arbeiter- und Soldatenräte abgesehen, der sich am 10. November im Zirkus Busch zur obersten Kontrollinstanz des Rats der Volksbeauftragten ernannt hatte, ohne jedoch jemals effektiv tätig gewesen zu sein. Dennoch ist es dieses Organ der Rätebewegung, gegen das die Demonstranten nun Front machen und dem sie »Mißwirtschaft« vorwerfen. Mit dieser Begründung fordern sie Wahlen zur Nationalversammlung noch in diesem Dezember. Der Auflauf endet in einem Scharmützel mit Spartakusleuten, als einige von ihnen im Anschluß den Vollzugsrat stürmen wollen. Sechzehn Spartakisten werden getötet, zehn schwer verwundet.

Es ist der Auftakt zu den blutigsten Wochen, die Berlin je erlebt hat. Am 21. Dezember werden die Toten beerdigt. An der Siegessäule vor dem Schloß sind sie aufgebahrt. Liebknecht redet. Anschließend werden die Särge, zu zweien auf Rollwagen und mit roten Blumenkränzen und Schleifen bedeckt, zum Friedhof geführt. Tausende Männer und Frauen folgen ihnen mit roten Fahnen. Berlin hat begonnen, sich auf eine gefährliche Weise zu polarisieren.

An diesem Tag ist der Erste Allgemeine Kongreß der Arbeiter- und Soldatenräte in Berlin zu Ende gegangen. Er war für Ebert ein großer Erfolg. Von den 514 Delegierten waren weit über die Hälfte der SPD zuzurechnen, etwa 100 den Unabhängigen und der Rest dem linksliberalen Lager. Der Kongreß setzt den Berliner Vollzugsrat ab und spricht sich mit einer deutlichen Mehrheit gegen das Rätesystem als Grundlage der republikanischen Verfassung aus. Rosa Luxemburg und Karl Liebknecht, die Sprecher des Spartakusbundes, waren auf diesem Kongreß nicht vertreten. Sie hatten kein Mandat erhalten.

Mit 400 zu 50 Stimmen legt der Kongreß den 19. Januar 1919 als Termin für die Wahlen zur Nationalversammlung fest. Der Sozialdemokrat Max Cohen-Reuß hatte in einer zündenden Rede mit dem Verweis auf die Zustände in Sowjetrußland viel zu diesem Ergebnis beigetragen. In Militärfragen muß Ebert jedoch abermals eine Niederlage hinnehmen. Einstimmig beschließt der Kongreß, daß die Kommandogewalt in Zukunft bei der Regierung, also den Volksbeauftragten, zu liegen habe. Er will eine republikanische Reichswehr. Der Verlauf des Kongresses kann nicht darüber hinwegtäuschen, daß in Teilen besonders der arbeitenden Bevölkerung die Unzufriedenheit mit der Regierung Ebert wächst.

Mittlerweile waren in der Hauptstadt auch wieder von der Front zurückgekehrte reguläre Truppen zu sehen. Die ersten hatte Ebert am 11. Dezember mit den überaus problematischen und polarisierenden Worten begrüßt: »Kein Feind hat euch überwunden.« Wer dann? Harry Graf Kessler beobachtet in diesen Tagen, wie die Militärs immer mehr an neuem Selbstbewußtsein gewinnen. Wie heimliche Sieger ziehen sie nun durch die Linden ein.

»Die Soldaten alle im Stahlhelm, zum Teil bekränzt, Blumensträuße an Rock und Gewehr«, schreibt er am 18. Dezember ins Tagebuch, »Protzen und Geschütze mit Girlanden geschmückt, zahllose schwarzweißrote, preußische und großdeutsche Fahnen, kleine und große in der Marschkolonne wehend, keine einzige rote; die Offiziere mit Blumen bekränzt zu Pferde an der Spitze ihrer Formationen.« Solche Aufmärsche hatte Berlin zuletzt 1871 bei den Siegesfeiern nach dem Deutsch-Französischen Krieg gesehen.

Am 23. Dezember meutern die Matrosen der Volksmarinedivision, die im Schloß stationiert sind und eigentlich für den Schutz der Reichskanzlei zuständig sein sollen. Sie hatten unter ihren wechselnden Kommandeuren in der letzten Zeit deutlich an Zuverlässigkeit verloren und, wie ein ehemaliges Spartakusmitglied später berichtet, immer mehr den Charakter einer »echten Söldnerformation« angenommen. Kunstschätze von nicht unerheblichem Wert waren aus dem Schloß verschwunden und hatten ihre verschlungenen Wege zu Hehlern gefunden, was den preußischen Finanzminister, einen Unabhängigen Sozialdemokraten, zu der Forderung veranlaßt, dem Treiben ein unverzüglich Ende zu bereiten. Als die Matrosen zum Verlassen des Schlosses aufgefordert werden, entzündet sich der Konflikt an Lohnforderungen. Otto Wels, der sozialdemokratische Stadtkommandant, bestreitet die Berechtigung ihrer Forderungen und wird daraufhin nach einem Sturm einer Abteilung Volksmarine auf die Stadtkommandantur im Marstall festgesetzt.

»Wenn die Regierung Energie hat«, schreibt Harry Graf Kessler an diesem Abend ins Tagebuch, »wird sie sie benutzen, um die ganze radikalisierte Matrosendivision aus Berlin rauszubringen, notfalls mit Gewalt.« Ebert greift jetzt, nachdem eine seiner wichtigsten republikanischen Schutztruppen zu einem unberechenbaren Haufen mutiert ist, auf das im November mit Groener geschlossene Bündnis zurück und erteilt ihm eine Vollmacht zum Vorgehen gegen die Matrosen. Viel mehr bleibt ihm auch nicht übrig, wenn er die Autorität der Regierung nicht ganz verspielen will, doch er hätte nicht unbedingt, wie sein unabhängiger Kabinettskollege Hugo Haase kritisiert, dabei den Militärs eine Blankovollmacht ausstellen müssen.

Am 24. Dezember morgens um 8 Uhr beschießt das Kommando Lequis Schloß und Marstall mit Artillerie. Bald ist, wie Kessler beobachten kann, das große Portal des Schlosses zerstört und der Balkon, auf dem Wilhelm II. zu Beginn des Weltkriegs seine große Rede gehalten und Liebknecht die sozialistische Republik ausgerufen hatte, in Schutt und Asche kartätscht. Vor allem aber wird der gefangene Otto Wels durch den Einsatz schwerer Artillerie am Marstall unnötig in Gefahr gebracht. Er wird schließlich befreit, doch mittlerweile hatte der Polizeipräsident Eichhorn von den Unabhängigen Sozialdemokraten seine Sicherheitswehr auf den Weg geschickt, die das Schloß im Verbund mit bewaffneten Arbeitern zurückeroberte. Ebert läßt die Kämpfe einstellen. Der Tag endet mit einer Niederlage für die Regierung.

An diesem Konflikt, nicht zuletzt durch die Insubordination des Polizeipräsidenten Eichhorn, wird die Koalition im Rat der Volksbeauftragten zwischen Unabhängigen und Mehrheitssozialdemokraten endgültig zerbrechen. Am 29. Dezember, dem Tag, als die sieben während der Kämpfe erschossenen Matrosen vor dem in Trümmern liegenden Schloßportal aufgebahrt und anschließend, begleitet von einer riesigen Demonstration, unter roten Fahnen zu Grabe getragen werden, verlassen die unabhängigen Volksbeauftragten die Regierung und werden durch die Mehrheitssozialisten Rudolf Wissell und Gustav Noske ersetzt.

Heinrich Otto Gustav Noske, 1868 in Brandenburg geboren, war ein pragmatischer Parteiarbeiter und 1914 einer der Wortführer der Politik der Kriegskreditbewilligung gewesen. Als Ebert ihn zum Verantwortlichen für das Militärwesen in den Rat der Volksbeauftragten beruft, ist er Gouverneur in Kiel, wo es ihm Anfang November erfolgreich gelungen war, den Aufstand der Matrosen zu pazifizieren. Etwas Ähnliches wird Ebert jetzt wieder von ihm erwartet haben, doch Noske war nicht der Mann, der solche komplizierten Aufgaben mit dem nötigen politischen Feingefühl zu erledigen in der Lage gewesen wäre. Das sollte sich deutlich zeigen, als er am 7. Januar 1919 den Oberbefehl über die Truppen in und um Berlin mit den Worten übernimmt: »Meinetwegen! Einer muß den Bluthund spielen!« Noskes rabiates Eingreifen in die bürgerkriegsähnlichen Zustände, die sich in Deutschland nach den Berliner Weihnachtskämpfen ausbreiteten, haben mehrere tausend Menschenleben gefordert. Nie wäre er dabei, so der Militärhistoriker Wolfram Wette, auf die Idee gekommen, »daß die Gewährleistung der Ordnung im Inneren eigentlich eine polizeiliche und keine militärische Aufgabe war«.

Bürgerkrieg

Zu Unrecht sind die Ereignisse nach dem 4. Januar 1919 immer wieder als »Spartakusaufstand« bezeichnet worden. In Wirklichkeit war es eine konzept- und führerlose Massenbewegung, die sich an der unvermeidlichen Entlassung des Berliner Polizeipräsidenten Eichhorn an diesem Tag entzündete. »Eine Figur wie aus einer Offenbachschen Operette«, beschreibt ihn Harry Graf Kessler, »der die öffentliche Ruhe sicherte, indem er bei Aufruhr die Aufrührer bewaffnete.« Doch irgendwie hatte sich in den Köpfen vieler Berliner Arbeiter, unterstützt durch den Vorstand der Berliner Unabhängigen und die Revolutionären Obleute, die Vorstellung festgesetzt, daß mit der Entlassung dieses letzten »Linken« mit politischem Einfluß nun unweigerlich die Reaktion marschierte. Am 5. Januar, nach einer großen Demonstration gegen die Entlassung Eichhorns, besetzen bewaffnete Arbeiter die Druckereien des sozialdemokratischen *Vorwärts* und des linksliberalen *Berliner Tageblatts* sowie die Verlage Mosse, Scherl, Ullstein und das Wolffsche Telegraphenbüro. Es war eine spontane, nicht geplante Aktion, während zu dieser

Am 11. Januar 1919: Zivilisten und Soldaten während des Spartakusaufstands gegen die SPD-Regierungstruppen hinter Barrikaden aus Zeitungspapierrollen vor dem Mossehaus in der Schützenstraße in Berlin.

Zeit die Unabhängigen und die Revolutionären Obleute sich im Polizeipräsidium noch mit den Kommunisten, die sich gerade eine Woche zuvor als Partei gegründet hatten, über das weitere Vorgehen berieten.

In ihrem von Rosa Luxemburg aufgesetzten Parteiprogramm hatten die Kommunisten noch verlautbaren lassen, »nie anders die Regierungsgewalt (zu) übernehmen als durch den klaren unzweideutigen Willen der großen Mehrheit der proletarischen Masse in Deutschland«. Rosa Luxemburg hatte diese Passage festschreiben lassen, weil auch sie über den Verlauf der russischen Revolution tief enttäuscht war. Mit ihrem Führer, Lenin, stand sie ohnehin nicht im besten Verhältnis. »Quasselei von Uljanow« hatte sie dessen ultrazentralistische Vorstellungen genannt und in einer Kritik der russischen Revolution die bemerkenswerten Worte geschrieben: »Freiheit ist immer nur die Freiheit des Andersdenkenden.« Doch nun droht die Partei, kaum gegründet, durch die Januarereignisse schnell auf eine zum Putsch geneigte schiefe Ebene zu geraten. Karl Liebknecht ist der erste, der sich am 5. Januar dazu hinreißen läßt, den »Sturz der Regierung Ebert–Scheidemann« zu fordern. Sein Genosse Leo Jogiches verlangt daraufhin, die Partei solle sich öffentlich von ihm distanzieren, doch die Ereignisse haben schon längst ihren Lauf genommen. Auch Rosa Luxemburg zeigt sich in diesen Tagen von der »Spontaneität der Massen« tief beeindruckt.

»Liebknecht«, so Harry Graf Kessler, der ihn an diesem 5. Januar auf dem Balkon des Polizeipräsidiums erkennt, »redete wie ein Pastor, mit salbungsvollem Pathos, langsam und gefühlvoll die Worte singend. (...) Am Schluß brüllte alles im Chor ›Hoch‹, rote Fahnen bewegten sich, Tausende von Händen und Hüten flogen auf. Er war wie ein unsichtbarer Priester der Revolution, ein geheimnisvolles, tönendes Symbol, zu dem diese Leute aufblickten. Halb schien das Ganze eine Messe, halb ein riesiges Konventikel.« Eigentlich gehörte Liebknecht eher in die expressionistische Welt der Menschheitserlösung, wie sie in Literatur und Theater zu dieser Zeit in Mode war, als in die Politik.

Am 11. Januar beginnt der Rückschlag. Gustav Noske hatte am 7. Januar das Heft in die Hand genommen, und er rückte an diesem Tag mit neu zusammengestellten Regierungstruppen in die Hauptstadt ein, nachdem am 10. bereits die Freikorpsbrigade Reinhard das spartakistische Hauptquartier in Spandau geräumt hatte. Am 12. Januar ist der Aufstand niedergeschlagen, und das mit der Brutalität einer Mili

tärmaschinerie, die gerade erst einen totalen Krieg hinter sich gebracht hat. Beim Sturm auf den *Vorwärts* werden stundenlang Feldartillerie, Flammenwerfer und Maschinengewehre eingesetzt, als wollten die Militärs damit gleich eine zweite Schlacht gegen die Sozialdemokraten führen, indem sie ihr Verlagshaus demolierten. Parlamentäre der Aufständischen werden in der Dragonerkaserne an der Belle-Alliance-Straße, dem heutigen Mehringdamm, kurzerhand an die Wand gestellt, erschossen und bis zur Unkenntlichkeit verstümmelt. Am 15. Januar ziehen Freikorps unter dem Kommando des Generals von Lüttwitz in die Stadt ein, obwohl es hier militärisch nichts mehr zu regeln gibt.

»Der Ruhm und die Ehre der deutschen Waffen sind vor der Weltgeschichte gerettet«, schreibt Rosa Luxemburg am 14. Januar in der *Roten Fahne.* »Die jämmerlich Geschlagenen von Flandern und den Argonnen haben ihren Ruf wiederhergestellt durch den glänzenden Sieg – über die 300 ›Spartakisten‹ im *Vorwärts*!« Sie hat mit diesen polemischen Worten nicht ganz Unrecht. Das martialische Auftreten der Truppen hatte wie eine Ersatzhandlung nach dem verlorenen Krieg bei aller Brutalität auch etwas unfreiwillig Komisches an sich. Hatte hier eine Überreaktion den Militärs die Köpfe vernebelt, ähnlich wie bei ihrem blindwütigen Vorgehen gegen die als Partisanen verdächtigten belgischen Zivilisten in Lüttich 1914, wie Rosa Luxemburg nahelegt? Immerhin hatte Liebknecht tatsächlich den Sturz der Regierung gefordert. Aber wäre da nicht, vielleicht, eine dosierte und überlegte Polizeiaktion ausreichend gewesen?

Einen Tag später ist Rosa Luxemburg tot. Sie ist, wie Karl Liebknecht, von einem Kommando der gerade in die Stadt eingezogenen Freikorps kaltblütig ermordet und in den Landwehrkanal geworfen worden. Mit der Zuhilfenahme der Freikorps hat sich Gustav Noske endgültig in die Rolle eines Zauberlehrlings begeben, der die Kräfte, die er rief, nun nicht mehr loswerden wird.

Wahlaufruf der Kommunisten zum Arbeiterrat der Bremer Räterepublik. Wie in Braunschweig, Würzburg und vor allem München kommt es auch in Bremen zum Versuch, eine Räterepublik zu etablieren. Sie existiert vom 6. November 1918 bis zum 4. Februar 1919 und wird dann vom Freikorps Caspari im Auftrag der Reichsregierung niedergeschlagen.

Für den Oberst Wilhelm Reinhard ist die Fahne der Republik nichts als ein »jüdischer Putzlappen«. Von einem anderen Freikorpsführer sind die Worte überliefert: »Ich diene nicht dieser Schandregierung. Ich diene dem Vaterland.« Die Männer der Freikorps waren eher Abenteurer als disziplinierte Soldaten, und sie hatten sich meist ohne Beteiligung der Obersten Heeresleitung unter persönlichen Führern nach dem Waffenstillstand jeweils zu einer Art Kampfgruppe zusammengefunden. Offiziere waren unter ihnen überproportional vertreten. Nichts schreckte sie so sehr wie die Aussicht auf eine künftige Rückkehr ins zivile Leben. »Der Krieg hatte sie geformt«, schreibt der spätere Schriftsteller Ernst von Salomon, zu dieser Zeit einer von ihnen, »er ließ ihre geheimsten Süchte wie Funken durch die Kruste schlagen. (…) Ungebändigte waren sie, Ausgestoßene aus der Welt der bürgerlichen Normen, Versprengte, die sich in kleinen Gruppen

sammelten, ihre Front zu suchen.« Weit mehr als von Spartakus sollte eine wirkliche Bedrohung der Republik von diesen modernen Landsknechten ausgehen, die sich der Volksbeauftragte Gustav Noske in seiner Verblendung glaubte zu Verbündeten machen zu müssen.

Anfang Februar veranstalten die Freikorps ein Blutbad in Bremen, nachdem dort die kurzlebige Räterepublik schon längst aufgegeben hatte, und in diesem Monat und im März gehen sie nicht weniger rücksichtslos gegen Aufständische in Cuxhaven und Wilhelmshaven, Mülheim, Düsseldorf und Halle an der Saale vor. Anfang März rufen Unabhängige und Kommunisten in Berlin zu einem Generalstreik auf. Nachdem seit dem 3. März der Belagerungszustand verhängt ist, kommt es zu Schießereien zwischen Reinhards Freikorps und der Volksmarinedivision, wobei auch Artillerie und Mörser eingesetzt werden. Noske zieht 42 000 Mann in der Stadt zusammen und gibt am 9. März, hinter Stacheldraht und mit Leibgarde in der Bendlerstraße sitzend, den durch kein Gesetz gedeckten Befehl aus, jeden mit einer Waffe in der Hand angetroffenen Aufständischen standrechtlich zu erschießen. Er hätte wissen müssen, was eine solche Blankovollmacht bedeutet. Wahllos wird nun das »Standrecht« angewandt, vor allem in den Arbeiterbezirken. Über tausend Tote sind das Ergebnis.

»Der weiße Schrecken wütet ungehemmt«, notiert Harry Graf Kessler am 13. März ins Tagebuch: »Sehr widerwärtig! Alle geistig und ethisch anständigen Menschen müssen einer so leichtsinnig und frech mit dem Leben ihrer Mitbürger spielenden Regierung den Rücken kehren.« Zwar wird das Standrecht am 16. März wieder aufgehoben, doch der Belagerungszustand bleibt bis zum Ende des Jahres bestehen.

Der Bürgerkrieg, so der Historiker Wolfram Wette, war das eigentliche Kennzeichen der »Ära Noske«. Das gilt zuletzt für die Tage und Wochen der Münchner Räterepublik im April, mit der Noske jedweden Kompromiß ablehnt, auch als dies noch möglich ist, weil er sie zur bedingungslosen Kapitulation zwingen will. Tatsächlich hat die sogenannte zweite Räterepublik, die unter der Führung des Kommunisten Eugen Leviné nach dem 13. April rasch mit dem Aufbau einer »Roten Armee« begann, zum Schluß am 30. April zehn Gefangene, allesamt Mitglieder der deutsch-völkischen Thule-Gesellschaft mit besten Verbindungen zu Freikorps-Kreisen, im Luitpoldgymnasium erschießen lassen, als der Kommandant davon hörte, daß die auf München anrückenden »Weißen« jeden gefangenen Rotarmisten unverzüglich getötet haben. Selbst 21 Mitglieder des

Linke Seite: Paul von Hindenburg in der Uniform eines Generalfeldmarschalls bei einem Veteranentreffen 1921 in Oldenburg (Oldb). Am 18. November 1918 vertritt er vor einem parlamentarischen Untersuchungsausschuß der Nationalversammlung zu den Ursachen des deutschen Zusammenbruchs die Legende von einem »Dolchstoß« in den Rücken des Heeres. Von 1919 bis 1925 lebt Hindenburg in Hannover im Ruhestand.

katholischen Gesellenvereins St. Joseph müssen dafür mit dem Leben bezahlen, daß man sie irrtümlich – wegen ihrer proletarischen Kluft – für Spartakisten gehalten hat.

Als München von den Spartakisten »gesäubert« ist, verzeichnet man 606 Tote. Zu den Denunzianten, auf deren Wink hin die Erschießungen vorgenommen wurden, zählt auch der Gefreite Adolf Hitler, der sich seit seiner Entlassung aus dem Pasewalker Lazarett in München aufhält. Sein späterer Mentor und SA-Führer Ernst Röhm gehörte zu den Freikorpsoffizieren, die diese schmutzige Arbeit erledigten. Die Niederschlagung des von Anfang an aussichtslosen bayerischen Räteexperiments, so Karl Dietrich Bracher, diente »letztlich zur regelrechten Erprobung und Sammlung paramilitärisch-antidemokratischer Macht. Dort hat Hitler seinen Weg in die Politik gefunden.« Das Münchner Bürgertum allerdings erlebt den Einmarsch der »Weißen«, mit dem die revolutionäre Welle in ganz Deutschland zu Ende geht, als eine große Befreiung.

»In breiten Schwarmreihen ziehen die Weißen in Schwabing ein«, schreibt der in der Räterepublik als Kommandeur einer vor Dachau

Fuhrwerke zur Paketexpedition vor dem Postamt in München im Frühling 1919. Es ist die Zeit der 2. Münchner Räterepublik, die Post in Bayern ist seit der Revolution nicht mehr königlich, die Postverwaltung aber noch bis 1920 bayerisch. Dann hat auch in Bayern die »Reichspost« das Postmonopol.

eingesetzten Abteilung der »Roten Armee« engagierte Schriftsteller Ernst Toller, »die Bürger haben die Fenster geöffnet, sie jubeln, sie überschütten die Soldaten mit Geschenken. Eine Frau in ärmlicher Kleidung läuft auf einen Offizier zu und reicht ihm eine Rose. Eine Gruppe Soldaten postiert sich vor der Kirche, unserem Haus gegenüber. Der erste Mai.«

Bewaffnete Angehörige der Münchner Bürgerwehr vor der Residenz am 2. Mai 1919. An diesem Tag haben Freikorps-Truppen im Auftrag der SPD-geführten bayerischen Landesregierung die 2. Münchner Räterepublik endgültig niedergeschlagen.

Wenig später sitzt er ein, in Festungshaft. Der Kommunist Eugen Leviné wird im Juni wegen Hochverrats zum Tode verurteilt und hingerichtet. Er hatte sich zuvor bei Gericht mit den eigentümlich apokalyptischen Worten verabschiedet: »Wir Kommunisten sind alle Tote auf Urlaub.« Noch im September 1919 ergehen letzte Todesurteile gegen Teilnehmer der Münchner Räterepublik, der es nie auch nur im Ansatz gelungen war, den von ihr erhofften *Cordon* der Weltrevolution über Wien und Budapest nach Sowjetrußland zu errichten. Dafür wird Budapest nach der Niederschlagung der 133-Tage-Herrschaft von Béla Kuns Räterepublik im Spätsommer und dem weißen Terror des Admirals Miklós Horthy zu einem verläßlichen Partner der bayerischen Konterrevolution werden.

DIE ERSTEN JAHRE DER REPUBLIK

Waffenstillstand

»Heute verkennt kein Wacher«, schreibt Maximilian Harden 1922 in der letzten Nummer seiner Zeitschrift *Die Zukunft,* »wie unbesonnen der Einfall war, nach Compiègne, statt der zu der Verhandlung mit dem Marschall Foch berufenen Herren Hindenburg und Ludendorff die Erzberger und Winterfeldt zu schicken und die Versailler Pein nicht der welken Kaiserei aufzuzwingen.« Ludendorff selbst hatte diesen Lauf der Dinge noch vor Kriegsende so eingefädelt, um sich aus der Verantwortung zu schleichen. Für die Niederlage, so seine perfide Kalkulation, sollte in den Augen der Öffentlichkeit die neue demokratische Zivilregierung verantwortlich gemacht werden und nicht die Oberste Heeresleitung, deren jahrelangem Vabanquespiel das Desaster vom Herbst 1918 allein zuzuschreiben war.

Immer wieder hatte sie auf einer immer schärferen Radikalisierung der Kriegsführung bestanden, die zwangsläufig Front und Heimat in die Erschöpfung treiben mußte, und es war nicht zuletzt der brutale Zugriff auf ein weitausgreifendes Imperium im Osten nach dem Diktatfrieden von Brest-Litowsk, der den britischen Premier David Lloyd George zu dem Schluß kommen ließ, daß der Krieg nur noch mit einem knockout der Mittelmächte verantwortlich zu beenden sei. Spätestens mit dem von Ludendorff so genannten »schwarzen Tag des deutschen Heeres« nach der großen alliierte Offensive im Westen am 8. August 1918 war jedem in der Obersten Heeresleitung klar, daß die Niederlage nicht mehr abzuwenden war. Doch nun wollte Ludendorff, an seinen eigenen Wahnideen eines totalen Krieges gescheitert, sich selbst und der deutschen Öffentlichkeit einreden, die Niederlage sei allein auf das Versagen der Heimatfront zurückzuführen. »Deutschlands ärgster Feind«, wird bald die von Generalfeldmarschall August von Mackensen ausgegebene Parole heißen, »das eigene Volk in seiner Eigenart, hat den Zusammenbruch herbeigeführt.«

Für die neue Republik und die im November beginnenden Waffenstillstandsverhandlungen ist diese Dolchstoßlegende, der Paul von Hin-

Linke Seite: Serbischer Bärentreiber in der Aschaffenburger Brennofengasse, Sommer 1919. An Details des Bildes sieht man allgemeinen Mangel, den vier Kriegs- und ein halbes Jahr Revolutionswirren überall in Deutschland hinterlassen haben: Nur zwei der Kinder tragen Schuhe.

Reichskanzler Gustav Bauer: Aufstieg und tiefer Fall

Der Sozialdemokrat Gustav Bauer ist der erste »Reichskanzler« der jungen Weimarer Republik. Denn sein Vorgänger als Regierungschef, Philipp Scheidemann, titelt noch als »Reichsministerpräsident«. Auch die Weimarer Reichsverfassung gewährt den Reichskanzlern bereits eine »Richtlinienkompetenz«, die sie aber in der Praxis gegen die sie stützende Partei, die Koalitionsparteien und den Reichspräsidenten nicht durchsetzen können.

Reichskanzler Gustav Bauer ist in Vergessenheit geraten. Nur Experten kennen heute seinen Namen. Dabei fällt in seine kurze Amtszeit zwischen Juni 1919 und März 1920 die Unterzeichnung des Versailler Vertrages, der Weimarer Verfassung und der erfolgreiche Widerstand gegen den Putschisten Wolfgang Kapp.

Der 1870 in Ostpreußen geborene Bauer ist ein Reformer und Pragmatiker. Seit 1912 sitzt er für die SPD im Reichstag; 1914 stellt er sich auf die Seite der Kriegsbefürworter und fordert von seiner Partei vaterländische Disziplin ein. Ihre Spaltung 1917 ist für ihn keine Schwächung, sondern ein Reinigungsprozeß. Als im Oktober 1918 der militärische Zusammenbruch absehbar ist, tritt Bauer als Staatssekretär in die Regierung ein und widmet sich, anders als viele seiner Kollegen, vor allem der Ressortarbeit. Die Arbeiter- und Soldatenräte sieht er skeptisch, und Sozialisierungen lehnt er ab. Er will »russische Zustände« in Deutschland verhindern.

Nach dem Rücktritt Scheidemanns im Juni 1919 überredet Reichspräsident Ebert seinen Freund Gustav Bauer, das Amt des Reichskanzlers zu übernehmen. Die sozialdemokratischen Regierungsmitglieder unterzeichnen gemeinsam mit Reichspräsident Ebert einen Aufruf zum Generalstreik. Am 26. März 1920 muß das Kabinett Bauer jedoch zurücktreten. Dem Reichskanzler wird zum Vorwurf gemacht, mit den Putschisten verhandelt zu haben.

Als einfacher Abgeordneter ist Bauer 1925 in den Korruptionsskandal um Julius Barmat verwickelt. Er muß eingestehen, für seine Hilfe bei Kreditbeschaffungen »entschädigt« worden zu sein. Damit ist seine politische Karriere beendet. Als Geschäftsführer einer Wohnungsbaugenossenschaft lebt er bis zu seinem Tode 1944 nahe Berlin.

denburg die klassische Formulierung gab: »Die deutsche Armee ist von hinten erdolcht worden«, von Anfang an eine schwere Hypothek. Als der Zentrumspolitiker Matthias Erzberger, noch im Auftrag der Regierung des Prinzen Max von Baden, am 7. November zum ersten Mal die Frontlinie zu Verhandlungen überquert, wünscht Hindenburg ihm dabei Erfolg und verabschiedet sich mit den Worten, nun brauche die Armee unter allen Umständen Ruhe. Sie sollte, das war sein Kalkül, so unbeschädigt wie möglich aus der totalen Niederlage herausgehalten werden. Am 11. November, zwei Tage nach der Revolution in Berlin, unterzeichnet Erzberger das Waffenstillstandsabkommen, das Ludendorff Ende September als erster gefordert hatte, im Wald von Compiègne. Um 11 Uhr am 11. 11. 1918 endet der Erste Weltkrieg in eisiger Atmosphäre zwischen den Unterzeichnenden, wie Erzberger nach seiner Rückkehr berichten kann. »Am elften November lesen wir die lange Sühnliste«, kommentiert Maximilian Harden das Ereignis: »Darunter, daß Wilhelm nach Holland entschlüpft ist. Zu spät. Hätte der lästig Gewordene nicht so zäh an der Purpurplatte geklebt, dann sähe die Bedingliste anders aus.« Sie ist in der Tat hart, »furchtbar«, wie Harry Graf Kessler an diesem Abend ins Tagebuch schreibt.

Deutschland sollte nach diesem Waffenstillstand sofort außerstande gesetzt werden, den Krieg fortzuführen, das war die Meinung der Alliierten, der sich zuletzt auch der amerikanische Präsident Woodrow Wilson angeschlossen hatte. Der Princeton-Professor für Politik und US-Präsident, dem der Franzose Henri Bergson in Anspielung auf Platon mit den Worten schmeichelte, er sei Philosoph, Prophet und Herrscher in einem, hatte sich schon vor dem Krieg Gedanken darüber gemacht, wie das riskante europäische System des Gleichgewichts der Kräfte durch ein internationales System der kollektiven Sicherheit ersetzt werden könnte – Gedankenspiele, aus denen später die Idee eines Völkerbundes entstehen sollte. Mit der amerikanischen Parole, die Welt auf der Grundlage des Selbstbestimmungsrechts der Völker »sicher für die Demokratie« zu machen, waren die USA unter Wilsons Führung im April 1917 in den Weltkrieg eingetreten und hatten deutlich gemacht, daß sie sich eine neue europäische Friedensordnung nur nach einer Niederlage der autokratisch und militaristisch regierten Mittelmächte vorstellen konnten, was ihnen nach der Abdankung des Zaren im verbündeten Rußland um so leichter fiel.

Diese Botschaft war in Deutschland nur sehr bedingt angekommen. Am 4. Oktober hatte die Regierung des Prinzen Max von Baden sich telegraphisch an Wilson gewandt und um Frieden nach den Voraussetzungen der von ihm Anfang Januar 1918 vor dem amerikanischen Kongreß verkündeten »14 Punkte« ersucht, mit denen unter anderem die Abschaffung der Geheimdiplomatie und die Räumung der besetzten russischen

Alte und neue Kameraden in Essen/Ruhr. Aus dem Dienst ausgeschiedene Offiziere zeigen zu vielen Anlässen die Uniformen und Orden der untergegangenen alten Armee. Neben dem im Dezember 1918 gegründeten »Stahlhelm – Bund der Frontsoldaten« gibt es auch noch die Kriegervereine der Kaiserzeit.

Gebiete, Belgiens und Elsaß-Lothringens gefordert wurden. Doch jetzt wollte man auf jeden Fall verhindern, daß der Waffenstillstand von den Deutschen nur als Ruhepause genutzt würde, um beim Scheitern der Verhandlungen sofort den Krieg wiederaufzunehmen. Zu Verhandlungen sollte es deshalb nicht kommen. Erzberger hatte in dem berühmt gewordenen Salonwagen von Compiègne widerstandslos Bedingungen zu akzeptieren, deren Annahme einer Unterwerfung gleichkam.

Die von Wilson genannten Gebiete sollten geräumt und das linke Rheinufer entmilitarisiert werden. Köln, Koblenz und Mainz würden von alliierten Truppen besetzt, der Friedensvertrag von Brest-Litowsk annulliert

Reichsheer und Reichsmarine vor und nach dem Ersten Weltkrieg

Die Reichswehr und die Reichsmarine haben in der Weimarer Republik weniger als 13 Prozent der Stärke der deutschen Streitkräfte zur Kaiserzeit. Eine Luftwaffe verbietet der Versailler Vertrag.

Heer
1914 — 794 691
1924 — 98 916

Marine
1914 — 78 674
1924 — 10 690

Heer	Kaiserzeit 1914	in %	Weimarer Rep. 1924	in %	Abnahme 1914/1924
Offiziere	30 739	3,9 %	3797	3,8 %	87,6 %
Sanitätsoffiziere	2 514	0,3 %	293	0,3 %	88,3 %
Unteroffiziere	105 856	13,3 %	17 960	18,2 %	83,0 %
Mannschaften	655 582	82,5 %	76 866	77,7 %	88,3 %
Gesamtzahl	**794 691**	**100,0 %**	**98 916**	**100,0 %**	**87,6 %**
Marine					
Seeoffiziere	3899	5,0 %	653	6,1 %	83,3 %
Mannschaften	74 775	95,0 %	10 037	93,9 %	86,6 %
Gesamtzahl	**78 674**	**100,0 %**	**10 690**	**100,0 %**	**86,4 %**
Linienschiffe	37		8		78,4 %
Große Kreuzer	19		0		100,0 %
Kleine Kreuzer	38		8		78,9 %
Zerstörer und Torpedoboot	218		32		85,3 %

Quelle: Statistisches Jahrbuch Deutsches Reich

werden. Alle U-Boote und große Mengen an Waffen, Munition, Fahrzeugen und Lokomotiven waren abzuliefern. Die alliierten Kriegsgefangenen sollten freigelassen werden, was so nicht für die deutschen Kriegsgefangenen galt. Die Blockade des Deutschen Reichs würde aufrechterhalten. »Dieser Waffenstillstand ist eine verschleierte Kapitulation«, schreibt Ernst Troeltsch, als ihm die Einzelheiten bekannt werden.

Trotzdem hatte kein Geringerer als Paul von Hindenburg Erzberger geraten, zwar den Versuch zu unternehmen, Milderungen zu erreichen, auf jeden Fall jedoch zu unterschreiben. Keiner wußte es besser als der Feldmarschall und spätere Erfinder der Dolchstoßlegende, daß das Reich am Ende war und eine Verweigerung der Unterschrift in dieser Stunde unweigerlich eine alliierte Besetzung ganz Deutschlands zur Folge haben würde. Dann könnte leicht eintreffen, was eine Denkschrift des französischen Au-

Oberprimaner des Gymnasiums Antonianum im niedersächsischen Vechta. Die katholischen Enklaven Vechta und Cloppenburg im norddeutschen Freistaat Oldenburg sind von den Revolutionswirren nur am Rande betroffen. Hier hat das Zentrum eine beständige Hochburg – mehr als 80 Prozent wählen die Partei des politischen Katholizismus. Man ist für die Republik, aber nicht unbedingt für die Revolution.

ßenministeriums am 25. Oktober gefordert hatte. »Um Europa einen dauerhaften Frieden zu sichern«, heißt es da, »muß das Werk Bismarcks zerschlagen werden.« Nichts weniger ist damit gemeint als eine Auflösung des 1918 gerade einmal 47 Jahre alten deutschen Nationalstaats in mehrere unabhängige Einzelstaaten im Interesse der europäischen Sicherheit.

Diese Bedrohung bleibt eine ständige Gefahr, das weiß vor allem auch Matthias Erzberger. Zu Anfang des Krieges hatte er ein Annexionsprogramm vertreten, das den Eroberungsphantasien der radikalsten Alldeutschen kaum nachstand. Doch 1917, in den Debatten über den unbeschränkten U-Boot-Krieg und die Polenpolitik der Reichsregierung, in der er sich als katholischer Zentrumspolitiker für ein wirkliches Selbstbestimmungsrecht der Polen einsetzte, war er zu einem der entschiedensten Verfechter eines Verständigungsfriedens geworden, auch weil er wußte, daß der Krieg schon längst nicht mehr zu gewinnen war. 1918 hatte er in einer Flugschrift die Idee eines Völkerbundes als künftigem Friedensgaranten ins Spiel gebracht. Kaum jemand unter den deutschen Politikern hat im Herbst 1918 die Lage so nüchtern und realistisch gesehen wie Matthias Erzberger. Als Kommissar der Regierung für die Fragen des Waffenstillstands war er fast so etwas wie ein zweiter Außenminister, und er nutzte diese Stellung immer wieder, um Ebert zu einer entschiedenen Politik gegen die extreme Linke und zur zügigen Einberufung einer Nationalversammlung zu drängen, immer mit dem Argument, für die Entente friedensfähig zu bleiben.

Erzberger war klar, wie sehr auch der amerikanische Präsident darauf drängte, in Deutschland eine Regierung an der Macht zu sehen, die sich von allen Verdächtigungen des Bolschewismus freihalten konnte. Auch von dieser Seite bestand die denkbare Gefahr einer Entente-Invasion mit allen Konsequenzen einer Zerschlagung des Reichs in Einzelstaaten. 1918 war nicht mehr sehr viel von der deutschen Großmacht übriggeblieben, und in diesem eingeschränkten Koordinatensystem internationaler Rahmenbedingungen mußte der Rat der Volksbeauftragten, bedrängt durch Extreme von rechts und links, einen Weg aus der Nachkriegskrise finden, wobei er, siehe Noske und die Freikorps, nicht immer eine besonders glückliche Hand bewies.

Eine wirkliche bolschewistische Gefahr, darauf hat Sebastian Haffner zu Recht hingewiesen, hat es zu keinem Zeitpunkt gegeben, trotz der heftigen Auseinandersetzungen in Berlin und anderswo. Schon deshalb nicht, weil es in Deutschland keine bolschewistische Partei gab, die sich wie in Rußland durch mehr als ein Jahrzehnt berufsrevolutionären Untergrunds auf den Oktoberrevolution genannten Petrograder Putsch von 1917 vorbereiten konnte. Die deutsche Revolution war unorganisiert, die KPD zu diesem Zeitpunkt nichts als ein zerstrittener Haufen. Dagegen waren die Freikorps bald auf fast 400 000 Mann angewachsen, alle nach dem Führerprinzip organisiert, und von diesen Führern konnte man beim besten Willen keinen einzigen als Republikaner bezeichnen.

Die große Frage der deutschen Politik 1918/19 war nicht der drohende Bolschewismus, sondern, wie es der Historiker Eberhard Jäckel formuliert hat: »Würden die einstmals Herrschenden die Lösung, die Wende vom Oktober 1918 akzeptieren und sich damit abfinden, die Macht verloren zu haben?«

Der schwierige Weg in den Frieden

»Die Weltgeschichte liebt es, leichtfertig gewählte Symbole zu diskreditieren«, schrieb Arthur Rosenberg in seiner im englischen Exil verfaßten *Geschichte der Weimarer Republik,* und er meinte damit den Ort, an dem die deutsche Nationalversammlung Anfang Februar 1919 nach den nun endgültig auf den 19. Januar angesetzten Wahlen zusammentrat. »In der ganzen Welt«, so Friedrich Ebert auf einer Kabinettssitzung am 14. Januar, werde man die Wahl der Stadt Weimar mit Aufmerksamkeit betrachten und es als angenehm empfinden, »wenn man den Geist von Weimar mit dem Aufbau des neuen Deutschen Reichs« verbinde.

Den Vorplatz des Hoftheaters, des späteren Nationaltheaters, in dem die Versammlung tagen sollte, dominierten überlebensgroß die Statuen von Goethe und Schiller, ein sichtlich anderes Deutschland als das der abgewirtschafteten wilhelminischen Zeit. Aufklärung, Kosmopolitismus, Weltliteratur verband sich mit dem Schlagwort »Weimar«, der »Geist der großen Philosophen und Dichter«, wie Ebert zur Eröffnung der Nationalversammlung sagen wird. Es war, als seien Politik und Kultur nun endlich auf einem gemeinsamen Weg aus einer Krise, die der spätere Direktor des Weimarer Bauhauses, Walter Gropius, 1918 in die Worte gefaßt hatte: »Dies ist mehr als nur ein verlorener Krieg. Eine Welt ist zu Ende.« Weimar sollte das sichtbare Symbol für einen Neuanfang sein.

Doch in Wirklichkeit hatte die Entscheidung für Weimar ganz prosaische Gründe. Die Wahlen hatten in der nach wie vor aufgeheizten Atmosphäre kaum eine Woche nach der Niederschlagung des sogenannten Spartakusaufstands begonnen. Berlin galt als unsicher. Ebert hatte bereits im Dezember mit dem Gedanken einer Verlegung der Regierung in die Provinz gespielt, und nachdem man Bayreuth, Jena, Frankfurt am Main und Nürnberg verworfen hatte, war man auf Weimar verfallen. Doch auch hier wurde ein Vorauskommando des Generals Maerker, der die Stadt absichern sollte, zunächst einmal vom Weimarer Soldatenrat verhaftet und entwaffnet, bevor es Vertrauensleuten Gustav Noskes gelang, die Sache in Verhandlungen zu bereinigen. Danach konnte Maerker mit seinen tausend Landjägern in die thüringische Residenzstadt einziehen, um das großherzogliche Schloß für die Regierung zu belegen. Das *Reichs-Gesetzblatt* Nr. 24 legt nach diesen Ereignissen aus Sicherheitsgründen umgehend fest, daß sich bis auf weiteres niemand ohne behördliche Ge-

Linke Seite: Im belgischen Badeort Spa verhandelt der Zentrumspolitiker Matthias Erzberger (rechts) mit den Vertretern der siegreichen Entente den Status der Stadt Danzig. Die zu mehr als 97 Prozent von Deutschen bewohnte Stadt wird nach den Beschlüssen des Vertrages von Versailles gemeinsam mit ihrem Umland »Freie Stadt« unter einem Völkerbundkommissar. Polen erhält zahlreiche Sonderrechte.

Die deutschen Länder
in der Weimarer Republik

Dänemark

Lübeck
zu Oldenburg

Lübeck

Cuxhaven
zu Hamburg

Schwerin

Hamburg

Mecklenburg-Schwerin

Neust

Bremerhaven
zu Bremen

Oldenburg

Bremen

Oldenburg

Schaumburg-Lippe

Niederlande

Bückeburg

Braunschweig

Braunschweig

Berl

Detmold

Pyrmont

Dessau

Lippe-Detmold

Anhalt

Arolsen

Waldeck

Weimar

Hessen

Thüringen

Sachs

Belgien

Birkenfeld
zu Oldenburg

Luxemburg

Darmstadt

Hessen

Saar-
gebiet

Bayern
(Pfalz)

Bayern

Karlsruhe

Stuttgart

Frankreich

Württemberg

Hohenzollern
(Preußen)

München

Baden

Schweiz

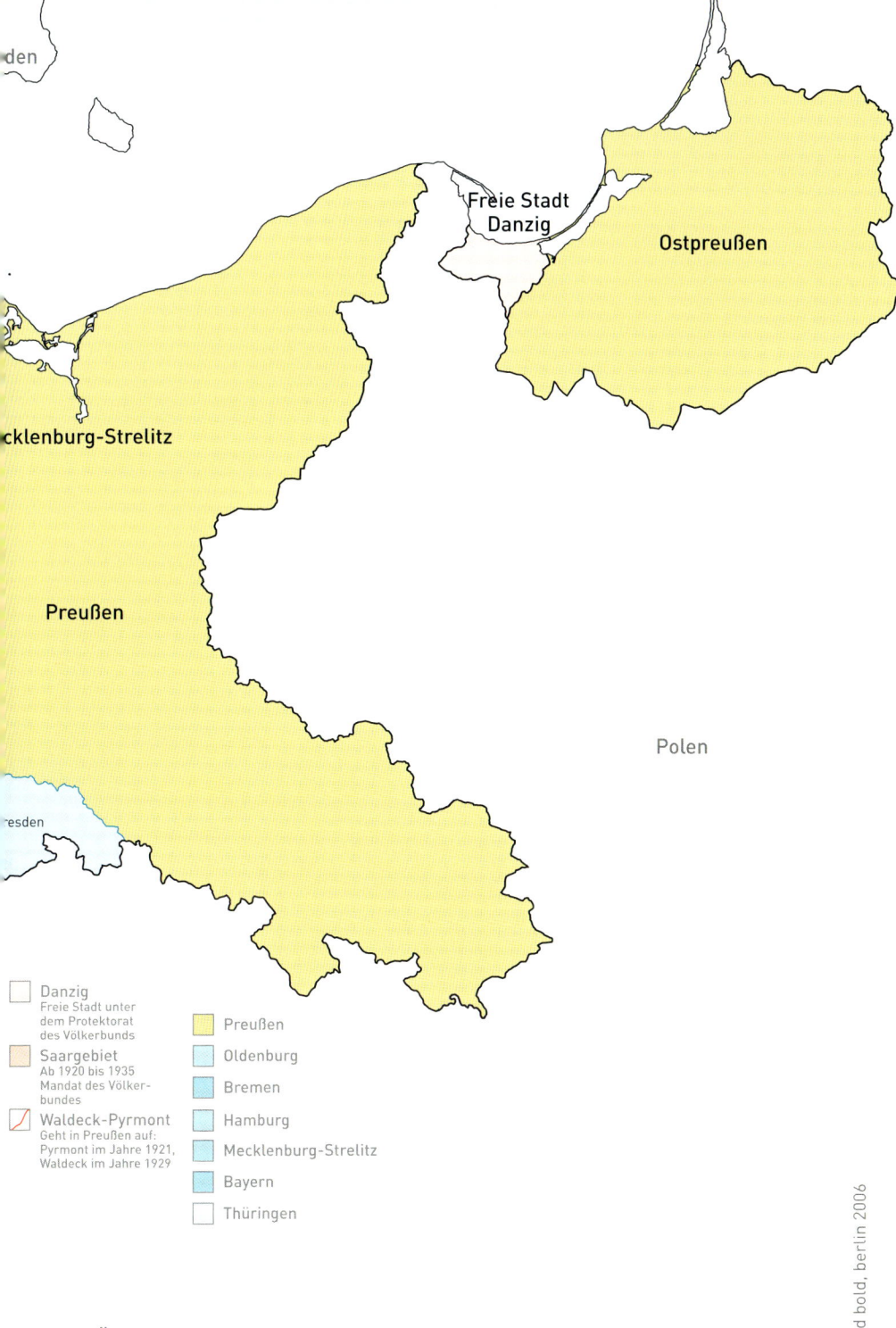

den

Freie Stadt Danzig

Ostpreußen

cklenburg-Strelitz

Preußen

Polen

esden

Österreich

Danzig
Freie Stadt unter
dem Protektorat
des Völkerbunds

Saargebiet
Ab 1920 bis 1935
Mandat des Völker-
bundes

Waldeck-Pyrmont
Geht in Preußen auf:
Pyrmont im Jahre 1921,
Waldeck im Jahre 1929

Preußen

Oldenburg

Bremen

Hamburg

Mecklenburg-Strelitz

Bayern

Thüringen

© kleiner und bold, berlin 2006

nehmigung in der Stadt aufhalten darf. Ebert besteigt am 3. Februar den Zug nach Weimar.

Unter dem Läuten sämtlicher Glocken der Weimarer Kirchen tritt am 6. Februar 1919 die Nationalversammlung im Hoftheater zu ihrer konstituierenden Sitzung zusammen. Es ist nach wie vor eine Zeit der zugespitzten innenpolitischen Krise. Zwei Tage vorher war Bremen von Freikorps gestürmt worden, am 18. Februar bricht im benachbarten Gotha ein Generalstreik aus, und am 21. Februar wird in München der bayerische Ministerpräsident Kurt Eisner von dem Grafen Anton von Arco auf Valley mit zwei gezielten Pistolenschüssen kaltblütig hingerichtet. »Er ist ein Jude«, hatte Graf Arco seine Tat gerechtfertigt, »er ist kein Deutscher.« Das sind alles belastende Hypotheken für Ebert, doch der Ausgang der Wahlen bei einer hohen Beteiligung von 83 Prozent hatte die Grundorientierung seiner bisherigen Politik im wesentlichen bestätigt.

Mit 37,9 Prozent hatte seine Partei, die SPD, zwar eindeutig die meisten Stimmen bekommen, aber sie war nicht allein regierungsfähig, auch nicht gemeinsam mit den Unabhängigen, die gerade einmal 7,6 Prozent erreichten. Die Kommunisten hatten an den Wahlen nicht teilgenommen, obwohl Rosa Luxemburg es ihnen noch vor ihrer Ermordung geraten hatte. Doch selbst wenn, hätte das an dem Wahlergebnis kaum etwas geändert. Gegenüber den letzten Reichstagswahlen von 1912, bei denen die SPD 34,8 Prozent verbuchte, war das zwar ein Ruck nach links, aber kein mehrheitsfähiges Votum für den Sozialismus.

»Es bleibt also nur der Versuch übrig, mit den bürgerlichen Demokraten zusammen eine arbeitsfähige Mehrheit zu schaffen«, kommentiert der *Vorwärts* das Ergebnis, »die zunächst die Republik verfassungsmäßig festigt und ihre Einrichtungen in demokratischem Geiste ausbaut.« Die linksliberalen Deutschen Demokraten, die sich im November 1918 gegründet hatten und hinter denen bekannte Persönlichkeiten wie der Chefredakteur des *Berliner Tageblatts* Theodor Wolff und der Soziologe Alfred Weber stehen, hatten 18,5 Prozent erreicht. Das war deutlich mehr, als ihre Vorgängerin im Kaiserreich, die Fortschrittliche Volkspartei, 1912 mit 6,2 Prozent erreicht hatte. Auch das Zentrum, in Fraktionsgemeinschaft mit der Bayerischen Volkspartei, hatte um 3,3 auf 19,7 Prozent zugelegt. Es waren also die Parteien, die sich besonders während der zweiten Hälfte des Weltkriegs in immer deutlicherer Opposition zur Militärpolitik des Kaiserreichs befunden hatten, die nun den Regierungsauftrag erhielten.

Linke Seite: Die Mädchen einer Nachbarschaft im Ortsteil Mondorf von Niederkassel im Rhein-Siegkreis zwischen Bonn und Siegburg sammeln zu Beginn der zwanziger Jahre Spenden für eine junge Braut. Der Kreis liegt in der preußischen Rheinprovinz, wo es separatistische Tendenzen einer Ablösung von Preußen gibt.

Tempelhof: Ein Flughafen mitten in Berlin

Der Stadtbaurat Leonhard Adler ist Anfang der zwanziger Jahre der en-
gagierteste Fürsprecher des Baus eines neuen Flughafens mitten in Berlin.
Die beiden bestehenden Rollbahnen in Staaken am nordwestlichen Stadt-
rand und Johannisthal im Südosten sind wegen der großen Entfernung
zum Zentrum (24 bzw. 12 km) und der mangelhaften Verkehrsanbindung
nur bedingt für den Passagier-, Luftpost- und Frachtdienst geeignet.

Für Adler liegt die Lösung auf der Hand: Er will das Tempelhofer Feld,
den alten Parade- und Exerzierplatz der kaiserlichen Armee, zum Flug-
platz umbauen. Die Bedingungen sind günstig. Das Areal liegt nur etwa 15
Minuten Fahrt vom Regierungsviertel an der Wilhelmstraße entfernt. Das
Gelände ist unbebaut und hat seit der Reduzierung des Heeres durch den
Versailler Vertrag seine Funktion verloren.

Die Einebnungsarbeiten beginnen 1922. Die Höhenunterschiede im
nicht ganz ebenen Gelände werden mit Haushaltsmüll ausgeglichen und
45 Tonnen Grassamen gestreut, außerdem wird eine Schafherde angesie-
delt, die dem Betreiber das Mähen und Düngen des Rasens erspart. Eine
Start- und Landefläche von circa 700 x 1000 Meter ist schnell planiert, und
am Rand des Feldes entstehen zwei Flugzeughallen à 1000 Quadratmeter
sowie zwei hölzerne Stationsgebäude.

Am 8. Oktober 1923 eröffnet der Flughafen mit dem ersten Linienflug
Berlin–München den Betrieb. Noch sind Flugreisen ein echtes Abenteuer.
Die Passagiere müssen sich vor dem Flug wegen des zulässigen Gesamtge-
wichts der Maschinen wiegen lassen, und ihnen wird empfohlen, die Ohren
zuzustopfen und die Fenster nicht zu öffnen.

Der neue Flughafen zählt 1923 gerade einmal 100 Starts und Landun-
gen. Das gilt damals als ein gewaltiges Verkehrsaufkommen.

Adler–Automobil vor der Abferti-
gungshalle des neuen Berliner
Flughafens auf dem Tempelhofer
Feld. Bei seiner Fertigstellung ist die
»Deutsche Luft Hansa« noch nicht
gegründet. Sie entsteht erst 1926 auf
Druck der Reichsregierung durch die
Verschmelzung des Junkers Flug-
verkehrs mit der Aero Lloyd.

Am 10. Februar verabschiedet die Nationalversammlung die Verfassung der Weimarer Republik. Sie war, ein Vorgriff auf die wirklichen Kräfteverhältnisse im Reich, von Hugo Preuß, einem Mitbegründer der Deutschen Demokratischen Partei, ausgearbeitet worden. In den Revolutionstagen des November 1918 hatte Preuß im *Berliner Tageblatt* unter dem Titel »Volksstaat oder verkehrter Obrigkeitsstaat« vor den Gefahren einer Diktatur des Proletariats gewarnt und gleichzeitig das Bürgertum aufgerufen, sich aktiv am Aufbau der Republik zu beteiligen, bevor er von Ebert mit dem Vorsitz der Kommission zur Ausarbeitung einer neuen Reichsverfassung beauftragt wurde. Sie sollte ursprünglich, Plänen folgend, an denen Preuß seit 1917 privatim arbeitete, das Reich in sechzehn Gebiete aufteilen, was einer Auflösung der alten föderalen Bundesstruktur, vor allem aber Preußens bedeutet hätte. Preuß hatte sich mit seinem Modell eines »dezentralisierten Einheitsstaats« die britische Tradition der zwei Ebenen von *local* und *central government* als Vorbild genommen.

Doch er konnte sich damit nicht gegen den Widerstand insbesondere der preußischen Sozialdemokraten und der Länder durchsetzen, die trotz ihrer abgedankten Dynastien an alten landsmannschaftlichen Loyalitäten festhalten und im Fall Preußens jedem denkbaren westlichen Separatismus einen Riegel vorschieben wollten. Immerhin konnte er aber durch eine Reduktion der preußischen Stimmen im Reichsrat den dominierenden Einfluß Preußens auf die Reichspolitik deutlich vermindern.

Zum ersten Mal ist mit dieser Verfassung in Deutschland der Grundsatz der Volkssouveränität als konstitutionelles Grundprinzip gültig festgelegt worden. Zum ersten Mal regierte in Zukunft nun das Volk durch seine in allgemeiner, gleicher und geheimer Wahl bestimmten Volksvertreter. Siebzig Jahre nach der großen Revolution von 1848, die solche Forderungen erstmals erhoben hatte, sollte nun endlich der Geist der Frankfurter Paulskirche, der »große ideale Gedanke der Demokratie«, wie sich Friedrich Ebert im Dezember 1918 ausdrückte, in Deutschland geltendes Verfassungsrecht werden. Ebert wird am 11. Februar 1919 im Weimarer Hoftheater mit 277 von 379 Stimmen zum ersten Präsidenten der deutschen Republik gewählt. Noch am gleichen Tag erteilt er Philipp Scheidemann als bis zur endgültigen Verabschiedung der Verfassung vorläufigem »Reichsministerpräsidenten« den Auftrag zur Regierungsbildung.

Die Regierung Scheidemann hatte keinen glücklichen Start. Weder standen zu dieser Zeit die Grenzen der neuen deutschen Republik fest, noch befand sie sich in einem Zustand des gesicherten Friedens mit ihren Nachbarn. Als am 28. Juni 1919 die deutsche Delegation im Bahnhof von Versailles dem Zug entsteigt, um im Spiegelsaal des Bourbonenschlosses den Friedensvertrag zu unterzeichnen, waren Monate bedrohlicher außen-

Kundengespräch in der russischen Buchhandlung »Kultura«, 1924. Die russischen Exilkreise sind gespalten in weißrussische Zaristen, sozialdemokratische Menschewiken und linksradikale und anarchistische Kreise.

Ein Russe in Berlin: Vladimir Nabokov

Zur russischen Kolonie im Berlin der zwanziger Jahre zählen wohl 200000 Emigranten. Wie viele es wirklich sind, weiß niemand genau: Tausende haben keine Papiere, schlagen sich mit schlechtbezahlten Arbeiten irgendwie durch und führen ein »seltsames, aber keineswegs unangenehmes Leben in materieller Armut und intellektuellem Reichtum«, wie ein Zeitgenosse schreibt.

Es ist eine Welt für sich mit Ärzten, Anwälten und Geschäftsleuten, mit eigenen Theatern, monarchistischen Kabaretts, mit Bordellen, eigenen Fußballmannschaften, Schachclubs und Zeitungen. Einer der Russen in Berlin ist Vladimir Nabokov, der später weltberühmte Romancier. Er arbeitet als Tennislehrer, übersetzt Alice in Wonderland, *tüftelt für die Zeitung seines 1922 von russischen Reaktionären ermordeten Vaters Kreuzworträtsel aus, sammelt Schmetterlinge, verdient ein wenig Geld als Komparse beim Film und beginnt unter dem Pseudonym »Sirin« seine Berlin-Romane zu schreiben, in denen kein einziger Berliner vorkommt: »Ich sprach nicht Deutsch, hatte keine deutschen Freunde, hatte keinen einzigen deutschen Roman gelesen, weder im Original noch in der Übersetzung.«*

Die Bewohner der Stadt sind für ihn »die Einheimischen«, die ihm immer fremd bleiben: »[Sie] schienen genauso flach und durchsichtig wie aus Zellophanpapier geschnittene Figuren, und obwohl wir ihre Einrichtung benutzten, ihren Clowns Beifall klatschten und am Straßenrand ihre Pflaumen und Äpfel pflückten, bestand zwischen uns und ihnen keine wirkliche Beziehung von der herzlichen, menschlichen Art, wie sie in unserer eigenen Mitte so verbreitet war.«

Nabokov bleibt 15 Jahre in der Stadt, die nie seine Heimat wird. Dann flüchtet er mit seiner jüdischen Frau nach Paris.

politischer Spannungen ins Land gegangen. Am 18. Januar hatten die Verhandlungen der Entente über den Friedensvertrag begonnen, von dem man zu diesem Zeitpunkt in Berlin noch hoffte, »daß der amerikanische Präsident uns zu einem Frieden verhelfen würde, der seinen vierzehn Punkten Rechnung trüge«, wie der Außenamtsmitarbeiter Wipert von Blücher in seinen Erinnerungen schreibt.

Doch dazu sollte es nicht kommen, teils auch, weil ein innenpolitisch angeschlagener Wilson sich nicht durchsetzen konnte und der amerikanische Senat Frankreich eine Beistandsgarantie verweigerte, was in Paris unverzüglich zu drastischen eigenen sicherheitspolitischen Überlegungen gegenüber Deutschland führte. Man hatte in Berlin aber auch mit der Hoffnung auf einen *Gentleman*-Frieden zu hoch gepokert, weil kaum jemand bereit war, die Realitäten des verlorenen Krieges wirklich zur Kenntnis zu nehmen.

»Deutschland macht seine eigenen Interpretationen der vierzehn Punkte Wilsons«, mahnte der Kontaktmann der amerikanischen Regierung, Oberst Conger, vergebens, »und vergißt dabei, daß die Alliierten den Krieg gewonnen haben.« Vor allem aber hatten die Deutschen mit dem Gewaltfrieden von Brest-Litowsk erst ein Jahr zuvor gezeigt, wie wenig ihnen die Wilsonschen Prinzipien bedeuteten, wenn die Machtverhältnisse einmal zu ihren Gunsten standen.

Außenminister Ulrich von Brockdorff-Rantzau will Anfang Mai zunächst gar nicht zur Übergabe des Friedensvertragsentwurfs nach Versailles reisen, weil er es als unter seiner Würde empfindet, dort lediglich als Empfänger eines Diktats dazustehen. Er reist schließlich doch, seiner Devise folgend: »Ich will versuchen zu retten, was zu retten ist.« Viel ist es nicht, was er dort, von Clemenceau mit eisiger Kälte empfangen, nach wochenlangen Verhandlungen doch noch erreichen kann. Wenigstens soll in Oberschlesien eine Volksabstimmung über die Zugehörigkeit zu Deutschland oder Polen stattfinden und eine vorzeitige Beendigung der Besetzung des Rheinlandes in Aussicht gestellt werden. An den Kernpunkten der Friedensbedingungen ändert das wenig.

Die vorgesehenen Gebietsabtrennungen im Westen und Osten, darunter Elsaß-Lothringen, Posen und Westpreußen, betreffen ein Siebtel des Reichsgebiets und ein Zehntel seiner Bevölkerung. Das Reich verliert 50 Prozent der Eisenerzvorkommen, 25 Prozent der Steinkohleförderung sowie 17 Prozent der Kartoffel- und 13 Prozent der Weizenproduktion. Das Saargebiet sollte dem Völkerbund unterstellt und seine Kohlegruben auf 15 Jahre Frankreich zur Nutzung überlassen werden. Dazu kommen erhebliche Reparationsforderungen in noch unbestimmter Höhe und umfassende Abrüstungsbestimmungen sowie der Verlust sämtlicher Kolonien.

Worms, die linke Seite der Rheinbrücke zu Beginn der zwanziger
Jahre. Familienausflug bei Eisgang.
Auch hier in Worms bewegt man sich
auf besetztem Gebiet. Als Sicherheit
für die Ausführung des Versailler
Vertrages bleibt das linksrheinische
Gebiet in den Zonen Köln, Aachen-
Koblenz und Trier-Pfalz-Mainz auf
fünf, bzw. zehn und fünfzehn Jahre
unter alliierter Kontrolle.

In den meisten Punkten hatte sich Frankreich durchgesetzt, das nach dem verheerenden Krieg nicht nur Vergeltung für seine Demütigung wollte, sondern auch eine spürbare Beschneidung der deutschen Macht. Frankreich wollte seine Grenzen und seine europäische Hegemonialstellung, möglichst auf immer, sichern. Ohne den Einspruch Wilsons wären die Franzosen noch weiter gegangen und hätten das Rheinland zu einem eigenen Staat gemacht und den Rhein selbst zur künftigen französischen Militärgrenze.

Brockdorff-Rantzau protestiert in Versailles gegen eine solche »Bestrafung« Deutschlands, indes vergeblich. War das die von den Amerikanern verheißene »Solidarität der Völker«? Besonders der Kriegsschuldartikel 231 des Friedensvertrags sollte sich in Zukunft als eine große Belastung herausstellen. An ihm hielten die Alliierten auch nach mehrmaligem Einspruch Brockdorff-Rantzaus fest. Jeder weiß, daß es dieser Artikel ist, der die Form des Diktats und die Forderung nach Reparationen rechtfertigt.

Jeder, zumindest unter den politisch Verantwortlichen, weiß aber auch, daß die im Herbst 1918 im Auswärtigen Amt begonnene Sichtung der deutschen Akten zum Kriegsausbruch ergeben hat, daß die Reichsleitung ohne Zweifel im Juli 1914 Österreich-Ungarn zum Krieg gegen Serbien mehr oder weniger gedrängt und damit die Hauptverantwortung für den Ausbruch des Weltkriegs auf sich geladen hat. Auch die Öffentlichkeit kann es wissen, wenn sie will. »Es scheint, daß wir am Beginn der Enthüllungsperiode stehen«, schreibt das *Berliner Tageblatt* am 28. Juli 1919. »Eines wissen wir genau: die furchtbare Schuld der Konservativen, Annexionisten und Tirpitzianer von einst und der Deutschnationalen von heute wird durch nichts hinweggewischt. Diese Leute wollten ja (...) erst einmal England ›auf den Knien‹ und Amerika winzig klein sehen, und sie wollten vor allem die belgischen Industriewerke, die Gruben von Briey, die flandrische Küste und den Mond.« Klare Worte der Einsicht allerdings sind in Deutschland in diesen Tagen nicht sehr populär. Statt dessen taumelt das Land, dessen Siegfriedenspropagandisten kurz zuvor noch Europa vergewaltigen wollten, in einen Rausch des Selbstmitleids.

Der Friedensvertragsentwurf sei nichts als ein »Mordplan«, ruft Reichsministerpräsident Philipp Scheidemann der Nationalversammlung entgegen: »Der Vertrag ist unerträglich und unerfüllbar. Welche Hand müßte nicht verdorren, die sich und uns in diese Fesseln legt?« Das meint auch Brockdorff-Rantzau. Doch kaum jemand will in dieser emotionsgeladenen Situation die absehbaren Folgen bedenken. »Seid eingedenk, ihr Feinde, aus den Gebeinen der Gefallenen wird ein Rächer entstehen«, ruft der Zentrumsabgeordnete Konstantin Fehrenbach, ein lateinisches Sprichwort zitierend, den Abgeordneten der Nationalversammlung zu: »Auch in Zukunft werden deutsche Frauen Kinder gebären, und diese Kinder werden die Sklavenketten zerbrechen und die Schmach abwaschen, die unserem deutschen Antlitz zugefügt werden soll.« Solche Haltungen zählen mit zu den schweren Hypotheken, an denen die Republik letztlich zerbrechen wird.

Am 16. Juni hatte der Generalsekretär der alliierten Friedenskonferenz nach wochenlangem Notenwechsel der deutschen Delegation ein Ultimatum gestellt. Zusammen mit Brockdorff-Rantzau kündigt Scheidemann daraufhin am Morgen des 20. Juni den Rücktritt seines Kabinetts an. Wollten sie nicht wortbrüchig werden, hatten sie nun keine andere Wahl mehr. Am 21. Juni werden auf Anordnung von Konteradmiral Ludwig von Reuter 74 Schiffe der deutschen Hochseeflotte, die in Scapa Flow nördlich von Schottland interniert ist, versenkt, um der bevorstehenden Auslieferung zu entgehen. Es ist die gleiche Stimmung eines ohnmächtigen, aber trotzigen Bellizismus, die Studenten und Soldaten am Morgen des 23. Juni in Berlin veranlaßt, französische Fahnen, die sie zuvor aus dem Zeughaus gestohlen haben, vor dem Denkmal Friedrichs des Großen unter den Linden zu verbrennen. Am Abend dieses Tages läuft das Ultimatum ab. »Die

Spannung ist ungeheuer«, notiert Harry Graf Kessler ins Tagebuch. »Die Luft drückt schwül. Gegenrevolution, Krieg, Aufstand drohen wie nahe Gewitterwolken. (...) Ich fürchte sehr, daß Erzberger das Schicksal Liebknechts teilen wird.«

Matthias Erzberger, der Unterhändler für die Fragen des Waffenstillstands, hatte sich in den letzten Wochen in einem Zustand des Dauerkonflikts mit Brockdorff-Rantzaus Außenministerium befunden. Er war, nicht zu Unrecht, der Ansicht, daß Brockdorff-Rantzaus auf den ersten Blick prinzipienfeste Politik in der Konsequenz die Existenz des deutschen Staats, der die Niederlage bisher bei allen vorgesehenen Amputationen im Kern unbeschädigt überlebt hatte, aufs Spiel setzen würde. Eine Nichtunterzeichnung des Friedensvertrags hätte unweigerlich eine Wiederaufnahme der Kampfhandlungen bedeutet, und es war letztlich Wilhelm Groener, der oberste Militär, der in einem dringenden Telegramm im Juni Friedrich Ebert klarmacht, daß man den Versailler Vertrag unterzeichnen müsse, weil jeder militärische Widerstand von vornherein als aussichtslos zu betrachten sei. »Nur wenn wir das Reich leidlich intakt erhalten«, so Groeners realpolitische Einsicht, »ist eine Wiedergeburt Deutschlands möglich.«

Viele Militärs, besonders im Osten, sehen das allerdings anders, unter ihnen der preußische Kriegsminister, General Reinhardt. Sie hatten, analog zur Insubordination eines Teils der früher verbündeten türkischen Streitkräfte unter dem Weltkriegshelden Mustafa Kemal »Atatürk« im Osten Anatoliens, die Gründung eines deutschen »Oststaats« ins Auge gefaßt, von dem aus nach Annahme des Friedensvertrags der bewaffnete Kampf zur Befreiung Deutschlands ins Reich getragen werden sollte. Andere Pläne sahen bei einer Wiederaufnahme der Kampfhandlungen den Rückzug sämtlicher Truppen in die ostelbischen Gebiete und eine gleichzeitige Offensive gegen Polen vor, die unter dem Decknamen »Operation Frühlingssonne« innerhalb einer Woche zur Einnahme Warschaus führen würde. Auch die noch immer in den baltischen Staaten stationierten Truppen wurden in solche Planspiele einbezogen. »Die deutsche Führung im Baltikum hatte damit gerechnet«, schreibt Wipert von Blücher, zu dieser Zeit Legationsrat in der Ostabteilung des Auswärtigen Amtes, »daß die Reichsregierung den Versailler Vertrag ablehnen und daß damit der Kriegszustand wieder aufleben würde. Daraufhin waren alle Dispositionen getroffen.« Alle diese Pläne werden jedoch von Groener und der Obersten Heeresleitung aus realpolitischer Einsicht in die unkalkulierbaren Risiken solcher Kriegsszenarien mit Entschiedenheit verworfen.

Am 22. Juni 1919 stimmt die Nationalversammlung mit 237 gegen 138 Stimmen bei fünf Enthaltungen für die Annahme der alliierten Friedens-

bedingungen. Nicht zugestimmt haben die Abgeordneten der Deutschen Volkspartei und der Deutschnationalen (DNVP), unter ihnen auch der 53jährige Alfred Hugenberg, der sich im westpreußischen Posen, das jetzt an Polen fallen sollte, für die DNVP ins Parlament hatte wählen lassen. Er wird während der Weimarer Republik einer der militantesten Wortführer des Revisionismus gegen Versailles werden und einer

Grundsteinlegung durch Geistliche, Dombauleitung und Arbeiter für die neue Nikolauskapelle des Wormser Doms, 1922. Aufgrund ihrer Bedeutung im Heiligen Römischen Reich Deutscher Nation sind die Dome in Worms, Speyer und Mainz Symbole der deutschen Reichsidee und Einheit geblieben.

derjenigen sein, die Hitler 1933 zur Macht verhelfen. Der weitaus größte Teil der Abgeordneten hat sich jedoch den Einsichten gebeugt, die Matthias Erzberger in den letzten Wochen unermüdlich immer wieder dem Hohen Haus vorgetragen hatte. Nichtunterzeichnung, so Erzberger, würde unweigerlich zur Zertrümmerung des Reichs und zu seiner Auflösung in Einzelstaaten führen, mit denen dann separate Friedensverträge abgeschlossen würden. Deutschland wäre dann auf ewig geteilt, das Werk Bismarcks tatsächlich und endgültig zerschlagen. Nicht anders sieht das auch Groener.

»Der Sieger ist die Entente«, teilt er seinen Generalstabsoffizieren am 19. Juni lapidar mit. Doch die Reaktion der Öffentlichkeit gleicht einem einzigen Aufschrei. »In der Bevölkerung war die Wirkung eine sichtliche Einigung in Schmerz, Grimm und beleidigtem Ehrgefühl«, schreibt Ernst Troeltsch in diesen Tagen: »Die ganze Legende kam wieder hoch, daß nur die Juden und die Sozialdemokraten dem stolzen Heere das Rückgrat gebrochen hätten und daß bei weniger Sentimentalität der herrlichste Sieg unser gewesen wäre. Man sprach vom Sturz der Regierung.«

Putsch gegen die Republik

Matthias Erzberger ist das erste Opfer dieser Stimmung. Die letzten »Baltikumer« waren im Dezember 1919 unter schwarz-weiß-roten Fahnen und vaterländische Lieder singend in geschlossenen Formationen ins Reich zurückgekehrt – Scharen von Enttäuschten, die von der republikanischen Entwicklung in der Heimat nichts wissen wollten. Die Regierung hatte ihnen zuletzt den Nachschub verweigert, um sie zur Rückkehr zu zwingen. »Während in Deutschland überall die schwarz-weiß-roten Fahnen niedergingen«, erinnert sich Wipert von Blücher, »flatterten sie im Baltikum lustig weiter.« Nun lagern diese antirepublikanischen Truppen auf den Gütern um Berlin und weiter nördlich, dorthin vermittelt und gut mit Waffen versorgt durch den »Nationalen Heimatbund zur Versorgung Heeresentlassener«, der in Wirklichkeit die Tarnorganisation einer Umsturzpartei um den ostpreußischen Generallandschaftsdirektor Wolfgang Kapp war. Putschgerüchte machen bereits seit längerem die Runde, als die deutschnationale *Tägliche Rundschau* die Stimmung gegen den untersetzten Erzberger mit den Worten anheizt, er sei ein »Kugelrunder, nicht Kugelfester«.

Am 10. Januar 1920 war der Friede in Paris ratifiziert worden. Am 26. Januar schießt der entlassene Fähnrich Oltwig von Hirschfeld auf Erzberger und verletzt ihn schwer an der Schulter, weil Erzberger für ihn die Personifikation der Versailler Schande ist. Dies alles hängt zwar nicht direkt ursächlich zusammen, aber es ist ein Indiz für den Rumor der Revanche, der sich zunehmend in konservativen und deutschnationalen Kreisen ausbreitet. Um die Stimmung zu verschlechtern, hatte der »Pommersche Landbund« eigens für eine künstliche Lebensmittelverknappung auf den Berliner Märkten gesorgt. »Bei uns sind alle Anzeichen für ein fortgesetztes Anwachsen des Nationalismus«, notiert Harry Graf Kessler in sein Tagebuch.

Am 13. März erfährt Kessler während einer Schweizreise in einem Buchladen in Montreux, »daß in Berlin die Gegenrevolution ausgebrochen sei«. Im Schaufenster liegt eine Depesche des *Wolffschen Telegraphenbüros*, die den Staatsstreich meldet, daneben eine zweite mit einer Verlautbarung der neuen Regierung. »Das alles klingt mehr nach Posse als nach ernsthafter Geschichte«, ist sein erster Gedanke: »Proklamation der neuen Regierung, an deren Spitze als ›Kanzler‹ sich Kapp, der Begründer der ›Vaterlandspartei‹ und anonyme Broschürenschreiber, gestellt hat; ein unruhiger Abenteurer. Der General Lüttwitz hat die Truppen ihm verräterischerweise zugeführt und ist dafür zum ›Reichswehrminister‹ ernannt worden.«

Reichswehrgeneral Walther von Lüttwitz hat am frühen Morgen des 13. März 1920 an der Spitze der ihm unterstehenden Marinebrigade Ehrhardt das Berliner Regierungsviertel besetzt und den Generaldirektor der Ostpreußischen Landschaft, Wolfgang Kapp, zum Reichskanzler ernannt.

Seit der Unterzeichnung des Vertrages von Versailles am 10. Januar hatten führende Militärs unter Walther von Lüttwitz, dem Kommandierenden General des Reichswehrgruppenkommandos I in Berlin, den Konflikt mit der Regierung gesucht. Besonders die darin geforderte Auslieferung deut-

Marktszene in Labian, Ostpreußen. Hier, im äußersten Osten des Reichs, unterstützen viele den Kapp-Lüttwitz-Putsch, selbst der sozialdemokratische Oberpräsident von Ostpreußen, August Winnig. Doch das bleibt eine Ausnahme.

scher Kriegsverbrecher und die Reduktion der Reichswehr auf eine Stärke von 100 000 Mann sollten um jeden Preis verhindert werden.

Entzündet hatte sich der Konflikt Ende Februar an der Forderung der Interalliierten Militär-Kontroll-Kommission, die Freiwilligenverbände auf den Truppenübungsplätzen vor Berlin unverzüglich aufzulösen. Davon war die Marinebrigade II des Korvettenkapitäns Hermann Ehrhardt besonders betroffen, die schon während des »weißen Terrors« gegen die Münchner Räterepublik von sich reden gemacht hatte. Lüttwitz fordert von Ebert und Noske am 10. März ultimativ Neuwahlen und die sofortige Beendigung des Truppenabbaus sowie seine Ernennung zum Oberbefehlshaber der gesamten Reichswehr. Ebert und Noske lehnen ab und legen ihm den Rücktritt nahe.

Für Walther von Lüttwitz ist dies das Zeichen, der Brigade Ehrhardt in Döberitz den Marsch auf Berlin zu befehlen. Im Morgengrauen des 13. März zieht sie im Paradeschritt durch das Brandenburger Tor. Gegen 7 Uhr besetzt der Generallandschaftsdirektor Wolfgang Kapp die Reichskanzlei. Kapp hatte in diesen Tagen in der Wohnung Hannah von Wangenheims,

der Frau des ehemaligen deutschen Botschafters im Osmanischen Reich, Unterschlupf gefunden. Er war von der Aktion Ehrhardts vollkommen überrascht worden. Nun aber hält er, gemeinsam mit Lüttwitz und Ehrhardt und dem wie zufällig erschienenen General Erich Ludendorff, am Pariser Platz die Parade ab. Die Putschisten, viele von ihnen »das antisemitische Hakenkreuz auf ihren Helmen«, wie Ernst Troeltsch beobachtet, haben in kurzer Zeit die Kontrolle über ganz Berlin gewonnen.

Im Juli 1921 demonstrieren in der fränkischen Kleinstadt Roth Vertreter linker Gruppen gegen die bayerische Regierung von Kahr. 1920 hat sich die USPD gespalten. Ein Teil schließt sich der KPD an. Der Rest der USPD vereinigt sich 1923 mit der SPD.

Die Regierung war bereits in der Nacht nach Dresden ausgewichen, nachdem Ebert und Noske hatten feststellen müssen, daß sie auf die aktive Unterstützung der Reichswehrführung nicht zählen konnten. »Als ich das große Bibliothekszimmer durcheilte«, erinnert sich der Sozialdemokrat Otto Braun der aufgeregten Nachtsitzung, die dieser Entscheidung vorausging, »stand dort u. a. eine Gruppe Offiziere, v. Seeckt und andere. Ich sehe noch das süffisante Lächeln auf ihren Gesichtern, als wollten sie sagen: Zurück, du rettest den Freund nicht mehr. Im Nebenzimmer stieß ich auf den preußischen Kriegsminister General Reinhardt, der mir kurz berichtete, was geschehen war. Die meuternden Truppen von Döberitz marschierten unter Führung von Ehrhardt und Lüttwitz auf Berlin. Er hätte sich dafür erklärt, ihnen mit der Waffe entgegenzutreten, aber die Kommandeure der in Berlin stehenden Truppen hätten erklärt: Reichswehr kämpfe nicht gegen Reichswehr.« Ob das auch gelte, wenn die meuternden Truppen für kommunistische Ziele marschierten, will Braun wissen, der auf diese Frage nur ein »verständnisinniges Lächeln« Reinhardts erntet. Er weiß, daß Lüttwitz erst ein paar Tage zuvor kategorisch seine Ablösung verlangt hatte. Noch an diesem 13. März rufen die sozialdemokratischen Reichsminister und der Reichspräsident, unterwegs von Dresden nach Stuttgart, zum Generalstreik auf.

Letztlich sind Kapp und Lüttwitz, Ideologen und Abenteurer, auch an ihrem eigenen Dilettantismus gescheitert. Wie wenig die Putschisten wirklich vorbereitet waren, zeigt sich in aller Deutlichkeit schon während einer Pressekonferenz am ersten Putschtag, als Kapp die Frage eines französischen Journalisten nach der Zusammensetzung seines Kabinetts nur ausweichend beantworten kann. Er hatte bisher tatsächlich diese wesentliche Frage nicht bedacht, was den im Raum anwesenden ehemaligen osmanischen Großwesir Talaat Pascha zu der Bemerkung veranlaßt, »daß eine Revolution ohne fertiges Kabinett in der Tasche eine völlige Kinderei sei«, wie Ernst Troeltsch festhält. Talaat war als gesuchter Kriegsverbrecher in Berlin untergetaucht. Er wird fast auf den Tag genau ein Jahr später als Hauptverantwortlicher für den Völkermord an den Armeniern während des Weltkriegs von einem armenischen Studenten auf der Charlottenburger Hardenbergstraße erschossen werden.

Der Putsch von Kapp und Lüttwitz bleibt im wesentlichen auf Berlin und einige Teile der »Junkerprovinzen« Ostelbiens beschränkt. Und auch hier faßt er nicht wirklich Fuß, obwohl sich mehrere Truppenkommandeure Kapp anschließen. Aus Mecklenburg wird von einem Gutsherrn berichtet, der mit einem Trupp Reichswehr, die auf seinem Hof untergebracht war, die nächstgelegene Stadt erobern wollte. Er wird von der entrüsteten Bevölkerung zurückgeschlagen und sein Gut nur mit Mühe vor Plünderung und Brandschatzung gerettet. »Die Wut der Bevölkerung ist ungeheuer«, so der Beobachter Ernst Troeltsch, »der Generalstreik in den kleinen Städten klappte vollkommen und machte die Gegenrevolution unmöglich.« Schnell war deutlich geworden, wie Troeltsch bemerkt, daß in dieser rückwärts gewandten Erhebung »überhaupt nicht der deutschnationale Gedanke, sondern der Klassengedanke des Militärs und der mit dem Militär eng zusammenhängenden früher herrschenden Klassen« zum Ausdruck kam – getragen von Figuren, deren verzerrter und destruktiver Eigensinn unübertrefflich in den kolorierten satirischen Zeichnungen des Malers George Grosz festgehalten ist. Auch hatten Kapp und Lüttwitz nicht damit gerechnet, daß die Beamtenschaft überwiegend ihrem Amtseid treu bleiben würde. Hans von Seeckt meldet sich krank. Die Beamten der Reichskanzlei erklären Kapp, daß sie seine Legitimation nicht anerkennen würden, packen das Staatssiegel ein und verlassen das Haus. Offiziere, die in diesen Tagen demonstrativ in Zivil auf ihren Ämtern erscheinen, ignorieren Lüttwitz' Befehle kurzerhand. Als Korvettenkapitän Ehrhardt mit einem von Kapp signierten Scheck auf der Reichsbank erscheint, um damit den Sold seiner Truppe zu begleichen, erklärt ihm der stellvertretende Reichsbankpräsident, ein Kanzler namens Kapp sei ihm nicht bekannt, weshalb er die Auszahlung verweigern müsse.

Nur ein paar Tage dauert der Spuk des »Reichskanzlers« Wolfgang Kapp, der am 17. März seine Niederlage einsehen muß und an Bord eines Flugzeugs nach Schweden entschwindet. So kommt es auch nicht mehr zu einer Begegnung, die Karl Mayr, der Nachrichtendienstchef des bayerischen Reichswehrgruppenkommandos Nr. 4, mit den Worten eingefädelt hatte, er wolle Kapp den Besuch eines »guten deutschen Mannes, wenn auch etwas blindwütigen Antisemiten«, ankündigen. Als nämlich Adolf Hitler, mittlerweile Führer der Ende Februar in München gegründeten NSDAP, am 16. März

Bürgerliche Kegelgesellschaft in Horneburg, zwischen Hamburg und Cuxhaven, 1920. In diesem Teil des Landes hat der Putsch von Kapp und Lüttwitz kaum Resonanz gefunden, und generell hat die Beamtenschaft sich überraschend loyal zur jungen Weimarer Republik verhalten.

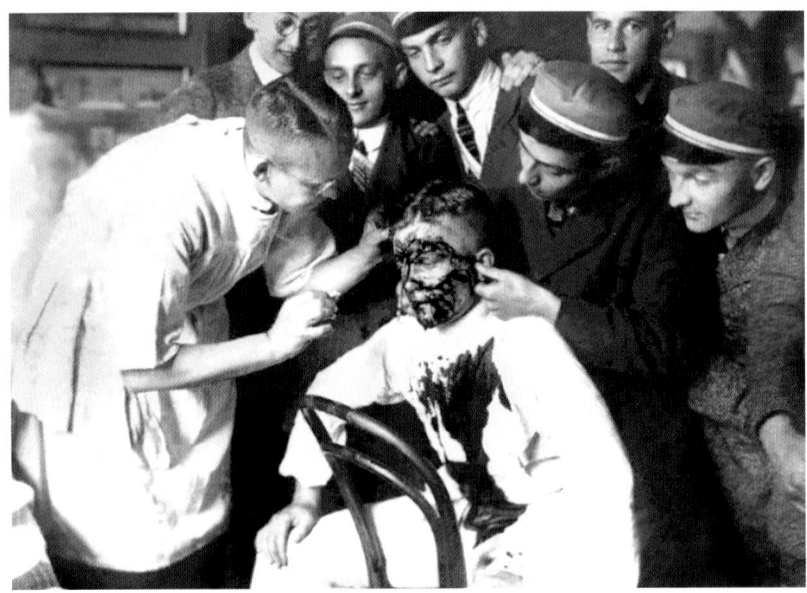

Behandlung nach einer Mensur, dem studentischen Fechten der Burschenschaften, 1921. Die deutschtümelnden Burschenschaften sind in der Weimarer Republik nicht nur antidemokratisch, sondern meist auch strikt antisemitisch, Juden und mit Jüdinnen Verheiratete werden nicht aufgenommen.

mit einer bayerischen Reichswehrmaschine auf dem Tempelhofer Feld in Berlin landet, um Kapp zu treffen, ist der Putsch bereits in sich zusammengebrochen. Dem Weltkriegshelden Erich Ludendorff gegenüber hatte Mayr seinen Zögling Hitler schon vorher als die denkbar beste deutsche Antwort auf die französische Volksheldin Jeanne d'Arc angepriesen.

Ludendorff hatte gemeinsam mit Kapp im Oktober 1919 die »Nationale Vereinigung« gegründet, der die Fäden des Putschs nun aus der Hand glitten. »Ludendorffs Beteiligung scheint leider außer Zweifel«, notiert Harry Graf Kessler einige Tage später ins Tagebuch. »Das Niederschmetternde, daß diese ungeheure politische Urteilslosigkeit diktatorisch von 1916 bis 1918, im furchtbarsten Augenblick der deutschen Geschichte, unser Schicksal gelenkt hat. (...) Wir sind politischen Idioten und Abenteurern, nicht großen, unglücklichen Generälen zum Opfer gefallen. So beschmutzt dieses Abenteuer rückwärts unsere Geschichte. Ludendorff sinkt zum genialen Fachidioten, der gleichzeitig ein rücksichtsloser Vabanquespieler war, herab; das militärische Äquivalent des ›deutschen Professors‹, der aus Fachversessenheit jede ethische Bindung abstreift, ja den Verstand verliert.« Ludendorff wird wenig später in München wieder auftauchen, als Mitstreiter Adolf Hitlers, bald fest davon überzeugt, daß mehr noch als Reichskanzler Bethmann Hollweg und die Sozialdemokraten in Wirklichkeit eine »jüdische Verschwörung« die Niederlage von 1918 verursacht hat.

Am 18. März zieht sich die Marinebrigade Ehrhardt mit Hakenkreuz am Stahlhelm und schwarz-weiß-rotem Band unter den Klängen des Deutschlandliedes durch das Brandenburger Tor zurück und eröffnet, mit Schmährufen aus der auf den Straßenseiten versammelten Menschenmenge konfrontiert, ohne Vorwarnung das Feuer. Zwölf Tote und dreißig Verletzte läßt die Brigade zurück, ohne jemals dafür zur Verantwortung gezogen zu werden. Im Gegenteil, sie wird durch von Seeckt »neutralisiert« und wieder auf die alte Regierung verpflichtet, um anschließend gegen die »Rote Ruhrarmee« eingesetzt zu werden. Die »Rote Ruhrarmee« hatte sich aus dem Generalstreik heraus im Ruhrgebiet zur Abwehr des Putsches gebildet. Ihr war es gelungen, einen großen Teil des Ruhrgebiets zu besetzen, doch Mitte April 1920 wird sie durch Freikorps in blutigen Kämpfen zerschlagen.

Korvettenkapitän Hermann Ehrhardt selbst jedoch wird zu dieser Zeit, anders als seine Mannschaften, von der Berliner Polizei gesucht. Er taucht bald in München unter, dorthin eingeladen von dem neuen Polizeipräsidenten Ernst Pöhner, einem glühenden Antisemiten, der nach dem Fall der Räterepublik mit dem Gedanken gespielt hatte, sämtliche Bürger jüdischen Glaubens zur Vergeltung ausweisen zu lassen. In der Franz-Joseph-Straße richtet Ehrhardt sich sein neues Hauptquartier ein, das bald auch zur Schaltstelle der geheimen »Organisation Consul« werden wird, die sich politische Morde an führenden Repräsentanten der Republik und die Vorbereitung von nationalistischen Putschaktionen auf die Fahnen geschrieben hatte.

In Berlin tritt Gustav Noske zurück, nachdem er von Philipp Scheidemann wegen seiner Vertrauensseligkeit gegenüber den Militärs scharf kritisiert worden war. Scheidemann, der bereits in einer Rede vor der Nationalversammlung den Satz geprägt hatte: »Der Feind steht rechts«, wird dabei von der Gewerkschaftsführung unterstützt. Mit Noske tritt, aus Solidarität, der während des Kapp-Putsches loyal gebliebene württembergische General Walther Reinhardt zurück. Neuer Chef der Heeresleitung wird nun Hans von Seeckt, dessen Indifferenz während der Putschtage eigentlich einer unverzeihlichen Insubordination gleichkam, die eine Entlassung hätte nach sich ziehen müssen. Doch von Seeckt sieht das anders. Mit seiner Haltung hatte er die Reichswehr als »Staat im Staate« intakt gehalten und sich nun als oberster Militär mit dieser Position gegenüber Ebert und der Reichsregierung endgültig durchgesetzt.

So enden die Putschtage letztlich doch mit einem halben Sieg der Gegenrevolution. Auch die erste Reichstagswahl nach dem 9. November, auf den 6. Juni 1920 festgelegt, gleicht, wie Ernst Troeltsch es formuliert hat, einer »friedlichen und legalen Wiederholung des Kapp-Putsches«. Alle Parteien dieser »Weimarer Koalition« müssen Federn lassen, am wenigsten das Zentrum, das nur zwei Prozent verliert. Die SPD sinkt von 37,9 auf 21,6 Prozent, die DDP von 18,5 auf 8,4. Gewinner sind die Parteien am rechten und linken Rand: die USPD mit 18 Prozent (1919: 7,6) und die deutschnationale DNVP mit 14,4 Prozent (1919: 10,3). Am erstaunlichsten sind die Gewinne der Deutschen Volkspartei DVP. Sie steigt von 4,4 auf 13,9 Prozent an.

Gustav Stresemanns DVP hatte während des Putschs recht undurchsichtig laviert und war deshalb von der linksliberalen Presse – berechtigt oder nicht – der Komplizenschaft mit den Putschisten bezichtigt worden. Den Wahlkampf hatte sie mit der Parole geführt: »Von roten Ketten macht uns frei / allein die Deutsche Volkspartei.« Das war offensichtlich gut angekommen. Doch nun sieht sich Stresemanns Partei, von einer Splittergruppe zu einem Machtfaktor geworden, plötzlich mit dem Problem der politischen Verantwortung konfrontiert. Die Entscheidung, die Gustav Stresemann in dieser Situation fällt, wird für die nächsten Jahre der Republik richtungsweisend sein. Schon 1919 hatte er, während des Weltkriegs einer der entschiedensten Befürworter des U-Boot-Krieges gegen England, immer wieder den Bürgerkrieg als Lösung zur Erreichung politischer Ziele mit Vehemenz abgelehnt. Jetzt wird ihm klar, daß jeder Gedanke an einen exklusiven Rechtsblock genau diese Gefahr in sich bergen würde.

Die DVP, die er nun als »rechte Mittelpartei« zu profilieren versucht, sollte nach rechts wie links gleichermaßen koalitionsfähig bleiben und den »Tatsachenmut« aufbringen, wie ein von Stresemann bald gern gebrauchtes geflügeltes Wort lautete, auch für die politische Zusammenarbeit mit der SPD offen zu sein, die sie im Wahlkampf gerade noch als Partei der roten Ketten bekämpft hatte. Im bürgerlichen Kabinett des Zentrumspolitikers Konstantin Fehrenbach ist die DVP mit drei Ministern vertreten, während Stresemann als Fraktionsvorsitzender und Vorsitzender des Auswärtigen Ausschusses das politische Geschehen moderiert.

Die Regierung Fehrenbach, ein Minderheitskabinett, wird von der SPD toleriert, die nun – anfangs die Partei der Republik schlechthin – zum ersten Mal nicht mehr an der Macht direkt beteiligt ist. Die »Weimarer Koalition« aus SPD, Zentrum und DDP, die 1919 noch mit drei Viertel aller Stimmen eine stabile republikanische Mehrheit hinter sich hatte, verliert mit der Wahl vom Juni 1920 ihre absolute Mehrheit. Sie wird sie nie wieder gewinnen.

Reichskanzler Joseph Wirth:
Scheitern an den Reparationen

Am 10. Mai 1921 bildet Joseph Wirth »gleichsam unter dem Donner der Geschütze«, wie sein Staatssekretär Jahre später nicht ohne Pathos schreibt, eine Koalition, die vom Mai 1921 bis November 1922 regieren wird. Völlig abwegig ist das Gleichnis vom Geschützdonner nicht, denn Wirth, der dem Zentrum angehört, steht sofort unter starkem Druck, weil er die vereinbarten Reparationszahlungen nicht leisten kann. Schon die erste Rate von drei Milliarden Goldmark übersteigt die Möglichkeiten des Reichshaushalts bei weitem.

Auch eine Steuerreform bringt nicht die notwendigen Einnahmen. Die Alliierten honorieren Wirths Versuche der Geldbeschaffung und seine Bemühungen um eine »Erfüllungspolitik« in keiner Weise und fordern weitere Steuererhöhungen und ein Ende der Inflation.

Nach der Teilung Oberschlesiens – ein Teil der Region geht trotz einer für Deutschland positiven Volksabstimmung an Polen – tritt der ehemalige Mathematiklehrer Wirth mit seinem Kabinett nach nur fünf Monaten zurück. Bereits vier Tage später beauftragt ihn Reichspräsident Ebert mit einer weiteren Kabinettsbildung. In seine zweite Amtszeit fällt die Unterzeichnung des Vertrages von Rapallo. Dieser regelt die diplomatischen und wirtschaftlichen Beziehungen zwischen Deutschland und der Sowjetunion und ist ein erster wichtiger Schritt zur Beendigung der außenpolitischen Isolation des Landes. Ende 1922 ist Wirths Koalition dennoch am Ende: Es gelingt ihr abermals nicht, die hohen Reparationszahlungen aufzubringen.

Im Kabinett Brüning ist Wirth noch einmal Minister, bevor er nach der Machtergreifung der Nationalsozialisten das Land verlassen muß und ins Schweizer Exil geht.

Joseph Wirth in seiner Zeit als Innenminister im ersten Kabinett Brüning, 1931. Der linke Zentrumspolitiker, dessen Hauptanliegen soziale Fragen und gesellschaftliche Reformen sind, wird von der Rechten »als Erfüllungspolitiker« diffaniert.

Der Weg nach Rapallo

Anfang Februar 1920 hatte die Entente der deutschen Regierung eine Liste überreicht, in der die auszuliefernden Kriegsverbrecher namentlich verzeichnet waren, unter ihnen Hindenburg, Ludendorff und der Großadmiral Tirpitz. Man hatte mit dieser Forderung rechnen müssen, doch wenn etwas die Deutschen über alle politischen Lager hinweg einte, dann war es der feste Wille, daß es zu einer solchen Auslieferung niemals kommen dürfe. »Die Hoffnung, sich mit der Entente verständigen zu können, zerrann in ein Nichts«, beschreibt der Außenamtsmitarbeiter Wipert von Blücher die Stimmungslage nach dieser alliierten Forderung, »und wurde abgelöst von dem Gefühl, daß jetzt als letzter Ausweg nur Anlehnung an Rußland übrig bleibe.« Jeder wußte, daß die Bestimmungen des Versailler Vertrags im Sowjetreich nicht gültig waren, was schon früh zur Knüpfung von recht ungewöhnlichen Kontakten geführt hatte.

Die wichtigsten Kontakte entstanden in Karl Radeks Zelle im Moabiter Gefängnis, in dem der Abgesandte Lenins nach dem sogenannten Spartakusaufstand inhaftiert worden war. »Radeks Zelle war eine Art politischer Salon«, so der Historiker Lionel Kochan, in dem sich schon 1919

Aus den Resten der Armee entstehen die Freikorps, hier die »Kameradschaft Freikorps und Bund Oberland«. Das Freikorps ist an der Niederschlagung der Münchner Räterepublik und am Ruhrkampf gegen die Rote Ruhr Armee beteiligt. In den Wochen zuvor hat es an der Erstürmung des Annabergs in Oberschlesien teilgenommen. Aufnahme aus Roth, 1921.

die Größen von Politik, Wirtschaft und Militär die Hand gaben. Unter ihnen der spätere Außenminister Walther Rathenau und die rechte Hand Erich Ludendorffs, Oberst Max Bauer. Alle wollten sie wissen, was die russische Karte im Ernstfall wert sein würde. In diesem Frühjahr 1920 wird nun, zumindest in Gedanken vor der Generalstabskarte, noch einmal mit einer riskanten Ostpolitik das große Schachspiel geprobt.

Polen befindet sich zur Zeit der Ruhrkämpfe und des Wahlkampfs in Deutschland im Krieg mit der Sowjetunion, nachdem Polen und Sowjets gleichzeitig in die riesigen, von den Deutschen geräumten Gebiete eingedrungen und dabei aufeinandergestoßen waren. Schon zu Beginn dieses Krieges hatte Hans von Seeckt darin eine einzigartige Zufallschance für Deutschland erblickt. »Nur im festen Anschluß an ein Groß-Rußland hat Deutschland die Aussicht auf Wiedergewinnung seiner Weltmachtstellung«, schreibt er im Frühjahr 1920 in einer Denkschrift: »Nun und nimmermehr kann Preußen-Deutschland sich mit einem Bromberg, Graudenz, Thorn, Posen in polnischer Hand abfinden, und wie ein Wunder Gottes erscheint jetzt am Horizont die Hülfe für uns in unserer tiefen Not. In diesem Augenblick soll niemand Deutschland zumuten, auch nur einen kleinen Finger zu rühren, wenn das Unheil über Polen hereinbricht.« Doch zu der Zeit, als von Seeckt seine Denkschrift verfaßt, ist Pilsudski noch im Vormarsch auf Kiew. Wenig später wird er jedoch von der Roten Armee unter Tuchatschewski und von Budjonnys »Roter Reiterarmee« zurückgeworfen.

Als Tuchatschewski im Juli auf die polnische Hauptstadt zumarschiert und in Deutschland schon das Gerücht vom Fall Warschaus die Runde macht, erreicht Seeckt ein unmißverständliches Signal aus Moskau. Ob es nicht die Möglichkeit gebe, so eine Anfrage aus Trotzkis Stab, im polnischen Korridor einen Zwischenfall zu inszenieren, der Deutschland einen Anlaß bieten könnte, in Polen einzumarschieren? Im Gegenzug wollten die Sowjets die deutschen Grenzen von 1914 respektieren. Daraus wird allerdings schon deshalb nichts, weil die Rote Armee nur wenig später vor Warschau die einzige große Niederlage ihrer bisherigen Geschichte erleiden

Pillkoppen an der samländischen Küste. Ostpreußen ist durch den Korridor vom Rest des Reiches getrennt. Dieser Korridor und der Verlust der ehemaligen Provinzen Posen und Westpreußen führen immer wieder zu Revancheforderungen an den neuen polnischen Staat – quer durch alle Parteien.

Konstantin Fehrenbach, 1922. Obwohl die katholische Zentrumspartei gemeinsam mit der 1920 von ihr abgespaltenen Bayerischen Volkspartei (BVP) in der Zeit der Weimarer Republik nie mehr als 18 Prozent der Stimmen bei den Wahlen zum Reichstag erreicht, trägt sie doch bis 1932 jedes Kabinett mit und stellt viermal den Reichskanzler.

Reichskanzler Konstantin Fehrenbach: Ein ehrlicher Makler

Konstantin Fehrenbach steht zwischen Juni 1920 und Mai 1921 einer Koalitionsregierung aus Zentrum, der rechtsliberalen DVP und der linksliberalen DDP vor. Schnell zeigt sich, daß der um Ausgleich bemühte Zentrumspolitiker keine glückliche Wahl für das Amt des Reichskanzlers ist. Seine Stärke liegt eher »im ehrlichen Maklertum, in der Vermittlung von Interessen und im Ausgleich der Gegensätze«, wie Wilhelm von Sternburg schreibt.

Bis dahin ist die Karriere des 1852 geborenen Badeners steil nach oben verlaufen. Er hat in Freiburg Theologie und Jura studiert und danach eine florierende Kanzlei geführt. Seit 1903 ist der vielbeschäftigte Fehrenbach Mitglied im Reichstag. 1919 wird er Präsident der Nationalversammlung in Weimar. Nach den Wahlen im Juni 1920 beauftragt Friedrich Ebert das Zentrum unter Fehrenbach mit der Kabinettsbildung.

Die wichtigste Aufgabe in Fehrenbachs Amtszeit ist die Leitung der deutschen Delegation auf den Reparationskonferenzen von Spa und London, eine Funktion, die er »mit Würde, aber ohne Schärfe« ausfüllt. Im Mai 1921 tritt Fehrenbach von seinem Amt zurück, einen Tag bevor Berlin ein Ultimatum erreicht, mit dem für den Fall der Nichterfüllung der Reparationsbedingungen mit der Besetzung des Ruhrgebiets gedroht wird.

1922 wird Fehrenbach Mitglied des Staatsgerichtshofs. Von 1923 bis kurz vor seinem Tod im März 1926 führt er das Zentrum als Fraktionsvorsitzender im Reichstag.

wird. Pilsudskis sprichwörtliches »Wunder an der Weichsel«, bei dem sich das Kriegsglück wieder zugunsten der Polen wendet, hat eine erneute Teilung Polens verhindert. Vorerst.

Im Frühjahr 1921 wird in Oberschlesien gekämpft. Am 23. Mai hatte der oberschlesische Selbstschutz zusammen mit dem bayerischen Freikorps »Oberland« den Annaberg besetzt, nachdem zuvor in dem Gebiet um Kattowitz und Hindenburg ein von Warschau unterstützter polnischer Aufstand ausgebrochen war. 60 Prozent der Wahlberechtigten hatten sich bei einer Volksabstimmung Ende März für eine deutsche, 40 Prozent für eine polnische Lösung ausgesprochen, was dazu führte, daß man auf beiden Seiten das Ergebnis jeweils anders interpretierte. Berlin betrachtete es als ein Gesamtvotum für das Reich, während sich Polen und die Alliierten für eine Teilung des Gebiets aussprachen. Im Ergebnis aber sollten, nachdem die Alliierten den Abzug der bewaffneten Parteien erzwungen hatten, vier Fünftel des oberschlesischen Industriegebiets der neuen polnischen Republik zugesprochen werden. Fast jeder im Reich empfand dies als eine weitere unannehmbare Ungerechtigkeit der Alliierten.

»Polen muß erledigt werden. Auf dieses Ziel ist meine Politik eingestellt.« Das ist die Meinung des dem Zentrum angehörenden Reichskanzlers Joseph Wirth, der dieses Amt nach dem Rücktritt Fehrenbachs im Mai 1921 übernommen hatte. »In diesem Punkt«, so Wirth, »bin ich ganz einig mit den Militärs, besonders mit dem General von Seeckt.« Von hier führt ein direkter Weg nach Rapallo, dem italienischen Küstenort, an dem 1922 zwischen Tschitscherin, Wirth und Rathenau das erste umfassende deutsch-sowjetische Abkommen geschlossen werden sollte, das Rudolf Breitscheid einmal als die »denkbar schwerste Schädigung der deutschen Interessen für die nächste Zukunft« bezeichnet hat. Es klingt paradox, wenn man bedenkt, daß der Weg nach Rapallo erst durch die von Joseph Wirth eingeleitete »Erfüllungspolitik« gegenüber dem Westen frei geworden ist.

Konstantin Fehrenbach war zurückgetreten, weil er kein Erfüllungspolitiker sein wollte. Er hatte in Erwartung des »Londoner Ultimatums« vom 5. Mai 1921 am Tag zuvor seinen Hut genommen. Mit der Besetzung des gesamten Ruhrgebiets sollte da gedroht werden für den Fall, daß sich Deutschland nicht sofort zur Erfüllung der bekannten Bedingungen bereit erklären würde – darunter die Anerkennung einer Reparationsschuld von 132 Milliarden Goldmark, die jährlich mit sechs Prozent zu verzinsen war.

Joseph Wirth wollte durch seine »Erfüllungspolitik« die alliierten Forderungen *ad absurdum* treiben. Er wollte nachweisen, daß Deutschland in Wirklichkeit zahlungsunfähig war, und so eine Revision des Londoner Zah-

lungsplans erreichen. Am 30. Mai war wieder eine Rate von einer Milliarde fällig. Doch das Reich konnte davon nur 150 Millionen in bar aufbringen und sah sich gezwungen, den Rest über Schatzwechsel zu finanzieren, eine riskante Operation, die auf Dauer nicht gutgehen konnte. Letztlich waren diese kurzfristigen Schuldverschreibungen des Staates Inflationsanheizer, die den Alliierten ihr Dilemma deutlich machen sollte. Einerseits taten sie alles, um deutsche Exporte zu erschweren, was zu einem Mangel an für die Reparationszahlungen erforderlichen Devisen führte, andererseits mußten sie nun mitansehen, wie durch die Inflation billige Waren aus Deutschland auf die ausländischen Märkte fließen konnten. Wirths Erfüllungspolitik war, kurz gesagt, ein Roulettespiel, mit dem die Alliierten zur Vernunft gebracht werden sollten.

In deutschnationalen und rechtsradikalen Kreisen hat das natürlich niemand so verstehen wollen. Der »rothe Wirth«, schreibt die *Tägliche Rundschau*, sei »Erzbergers Schüler, sein Freund, sein Geschöpf«, und der Schriftsteller Ludwig Thoma nennt ihn im völkischen *Miesbacher Anzeiger* einen »Intimus des Gauners von Biberach«, womit wieder einmal Erzberger gemeint war, mit dessen Namen offensichtlich alles, was nach Erfüllung roch, nun einmal unweigerlich verbunden zu sein schien.

Matthias Erzberger wird am 26. August 1921 ermordet. Bei dem Attentatsversuch Oltwig von Hirschfelds im Januar des Vorjahrs war er nur schwer verletzt worden, und er wollte jetzt in Bad Griesbach im Schwarzwald noch einen Urlaub verbringen und nach erfolgter Genesung wieder in die Politik zurückkehren. Es geschieht um 11.05 Uhr am Vormittag. Während eines Waldspaziergangs eröffnen plötzlich zwei Männer aus einem Hinterhalt das Feuer auf ihn und seinen Parteifreund Karl Diez. Erzberger, schwer getroffen, läßt sich einen Abhang hinunterrollen, um den Geschossen zu entgehen. Doch die Angreifer schießen von oben weiter auf ihn, bis er am Fuß einer Tanne leblos liegenbleibt. Die Attentäter steigen den Abhang hinab und stellen mit mehreren Kopfschüssen sicher, daß Erzberger tot ist. Auch sein Begleiter Karl Diez wird tödlich getroffen.

Die beiden Männer – Heinrich Schulz und Heinrich Tillesen – waren Mitglieder der »Organisation Consul« des Korvettenkapitäns Hermann Ehrhardt, die diese Operation von der Münchner Franz-Joseph-Straße aus gesteuert hatte. Sie können, obwohl bald von der badischen Polizei namentlich identifiziert, unerkannt in das schützende Budapest der ungarischen Gegenrevolution des Admirals Miklós Horthy entkommen.

Linke Seite: Wasserversorgung auf einem Hof am Niederrhein, 1925. Der Essener Fotograf Willi van Heekern, der zu dieser Zeit für das Zentrumsblatt »Essener Volkszeitung« arbeitet, dokumentiert in seinen Aufnahmen zwischen den beiden Kriegen nicht nur das Ruhrgebiet, sondern auch den Alltag in seiner niederrheinischen Heimat.

Diplomatie an der Riviera

Schlesien sei seit Jahrhunderten eine deutsche Provinz gewesen, meinte der britische Premier David Lloyd George nach der für Deutschland ungünstig verlaufenen Oberschlesien-Regelung, »viel länger als die Normandie eine französische«. Lloyd George war der Ansicht, daß der nun festgelegte Grenzverlauf dem europäischen Frieden auf Dauer eher abträglich sei, doch er hatte sich bei den Verhandlungen über den Grenzverlauf nicht gegen Frankreich durchsetzen können. Er war ohnehin seit langem der Ansicht, man müsse alles daransetzen, »dem deutschen Volk wieder auf die Beine zu helfen«. Wie sonst schließlich, so der britische Premier, solle man die Hoffnung erhalten, Deutschland werde pünktlich seine Reparationen zahlen können, wenn man gleichzeitig eine Politik betreibe, die zu nichts anderem führe, als das Land zu verkrüppeln? In dieser Frage war er anderer Ansicht als die meisten Franzosen, die den deutschen Koloß als eine ständige und tödliche Bedrohung für Frankreich empfanden, den es deshalb so klein wie möglich zu halten galt. England hatte darüber hinaus, wie die USA, ein Interesse an der möglichst raschen Wiederherstellung eines funktionierenden Weltmarkts, der durch den Krieg und die russische Revolution in sich zusammengebrochen war. Vor diesem Hintergrund ist die Initiative Lloyd Georges zu verstehen, für den 10. April 1922 in Genua eine internationale Wirtschafts- und Finanzkonferenz einzuberufen, an der auch der ehemalige Kriegsgegner Deutschland und das revolutionäre Rußland teilnehmen sollten. Ziel der Konferenz, die im Januar 1922 während eines Treffens mit dem französischen Ministerpräsidenten Briand in Cannes verabredet worden war, sollte laut Lloyd George der wirtschaftliche Wiederaufbau und die politische Befriedung Europas »vom Atlantik bis zum Ural« sein. Aristide Briand, der nur ein paar Tage später sein Amt abgeben mußte, war Kompromißlösungen gegenüber immer schon offener gewesen als sein Nachfolger Raymond Poincaré und sein Vorgänger Georges Clemenceau. Deutschland, so die Absicht Lloyd Georges, sollte wieder auf den Weg internationaler politischer Kooperation zurückgeführt werden, ein Ansatz, aus dem für Briand nur wenige Jahre später eine Zusammenarbeit mit Gustav Stresemann in Richtung erster Schritte zu einer europäischen Integration entstehen wird.

Doch in Genua ist die Zeit dafür noch nicht reif. Poincaré erscheint nicht zur Konferenz. Er läßt sich demonstrativ vertreten, weil die Franzosen über Reparationsfragen eigentlich gar nicht mit sich reden lassen wollen. Die deutsche Delegation ihrerseits reist an die ligurische Küste in dem Bewußtsein, dort

Rechte Seite: Fließbandfertigung von Magnetzündern für Kraftfahrzeugmotoren bei der Robert Bosch AG in Stuttgart, schon damals ein Unternehmen von Weltgeltung.

zum ersten Mal nach dem Krieg als gleichberechtigter Partner auf einer internationalen Konferenz mitzumischen, wie es dem neuen Außenminister Walther Rathenau im Januar von David Lloyd George zugesagt worden war. Die sowjetischen Delegierten hatten bei ihrer Reise nach Genua in Berlin Station gemacht. Auch für die Sowjets war dies die erste Konferenz, zu der sie als gleichberechtigte Partner geladen waren, doch sie wären am liebsten mit der beruhigenden Vorstellung nach Genua gefahren, alle für sie wesentlichen Fragen bereits vorher mit den Deutschen bilateral ausgehandelt zu haben.

Karl Radek hatte eine solche Übereinkunft nach der Konferenz von Cannes im Januar bereits einzufädeln versucht, als er Wirth in Berlin ein koordiniertes Vorgehen auf der Genueser Konferenz vorschlug. Auf keinen Fall wollte Sowjetrußland, wie es Lloyd George vorschwebte, beim Ausbau seiner wirtschaftlichen Beziehungen mit Deutschland unter die Aufsicht eines internationalen Konsortiums zum Wiederaufbau geraten. Zu sehr standen dabei auch die Pläne für geheime militärisch-industrielle Kooperationen auf dem Spiel, für die Radek bereits früh die Fäden gezogen hatte, als er nach seiner Entlassung aus dem Moabiter Gefängnis des öfteren in der Wohnung des Freiherrn von Reibnitz mit Ludendorffs rechter Hand, Oberst Max Bauer, zusammengetroffen war. Bereits 1921 hatte die Zusammenarbeit von Reichswehr und Roter Armee systematischen Charakter angenommen; seit Anfang 1922 gab es im Truppenamt eine »Sondergruppe R.«, und zur Zeit der Weltwirtschaftskonferenz von Genua sollte Hugo Junkers aus Dessau in Rußland den von langer Hand geplanten Bau von Militärflugzeugen aufnehmen, der den Deutschen laut Versailler Vertrag eigentlich verboten war. Bald gab es eine deutsche Panzertruppenschule, Ausbildungseinrichtungen für deutsche Militärpiloten, eine gegenseitige Generalstabsausbildung und gemeinsame Manöver. Für die Herstellung von Giftgas wurde eigens eine deutsch-russische Aktiengesellschaft, die »Bersol«, ins Leben gerufen.

Doch im Januar 1922 verhandelte Radek nicht darüber mit Ago von Maltzan, dem Leiter der Ostabteilung des Auswärtigen Amts. Es ging vielmehr um den Artikel 116 des Versailler Vertrages. Rußland hätte danach Reparationsforderungen gegenüber Deutschland geltend machen können, wenn es seinerseits aus der Zarenzeit stammende Verpflichtungen gegenüber dem Westen anerkannt hätte, um sie dann mit deutschen Zahlungen zu begleichen. Das wollte niemand in Moskau und auch niemand im Auswärtigen Amt in Berlin, und noch viel weniger wollte man in Genua im Kreis der Großmächte über solche Forderungen verhandeln.

Wahrscheinlich hätte ein Abkommen zügig unterschriftsreif vorliegen können, wäre nicht Walther Rathenau Ende Januar 1922 Außenminister ge-

Reichskanzler Wilhelm Cuno:
Immer wieder Versailles

Wilhelm Cuno steht einer konservativen Koalitionsregierung von November 1922 bis August 1923 als Reichskanzler vor. Er ist ein erfolgreicher Geschäftsmann, gehört keiner Partei an und glaubt an den Primat der Ökonomie vor der Politik. Er ist an die Macht gekommen, weil in diesem Winter in Deutschland nichts anderes als ökonomischer Sachverstand zählt: zu drückend sind die Probleme, die Folgen des Versailler Vertrags.

Wie sehr der Vertrag mit seinen extrem harten Auflagen das Leben in Deutschland dominiert, zeigt sich Anfang 1923. Am 11. Januar marschieren belgische und französische Truppen wegen rückständiger Reparationszahlungen in das Ruhrgebiet ein. Cuno reagiert umgehend: In einem Aufruf »An das deutsche Volk« prangert er diesen Akt der Gewalt an und ruft die Bewohner zum passiven Widerstand auf. Die Franzosen antworten mit weiteren Sanktionen: Über das »friedensbesetzte« Gebiet wird der Belagerungszustand verhängt.

Der ehemalige Generaldirektor der »Hamburg-Amerikanischen Packetfahrt-Actien-Gesellschaft« (Hapag) ist da gerade einmal acht Wochen im Amt und stößt mit dem »Kabinett der Arbeit« schon an seine Grenzen: Der Staat muß die Löhne von etwa zwei Millionen Beschäftigten im Ruhrgebiet übernehmen. Die Produktions- und Steuerausfälle belasten die ohnehin schon maroden Staatsfinanzen. Die unerwarteten Kos-

Der ehemalige hohe Beamte Wilhelm Cuno tritt noch während des Weltkriegs 1917 in die Hamburger Reederei Hapag ein. Nach seinem Ausscheiden als Reichskanzler wirkt er wieder in dem Hamburger Unternehmen, das er 1930 über einen Unionsvertrag mit dem Bremer Konkurrenten Norddeutscher Lloyd verbindet.

ten und fehlenden Einnahmen beschleunigen den Fall der Währung ins Bodenlose. Anfang Juni kostete ein Dollar 7500, zwei Monate später schon 1,1 Millionen Reichsmark.

Wilhelm Cuno zieht die Konsequenzen und tritt nach nur zehn Monaten im August 1923 zurück. Bis zu seinem frühen Tod im Januar 1933 arbeitet er wieder für die Reederei in Hamburg.

worden. Er war im Grundsatz eher westlich orientiert und strikt gegen solche deutsch-russischen Alleingänge, zumal er mit einem gewissen Recht von Lloyd George Entgegenkommen in der Frage der Sanierung Deutschlands erwarten konnte. Auch bei dem Zwischenstop der sowjetrussischen Delegation in Berlin während ihrer Reise nach Genua änderte sich nichts an Rathenaus Haltung. Tatsächlich läßt er sich aber in Genua umstimmen, als am 13. April Briten und Franzosen unter Ausschluß der Deutschen mit den Russen in separate Verhandlungen eintreten, die in ihm die Befürchtung aufkommen lassen, daß es tatsächlich zu jener Einigung in bezug auf Forderungen nach dem Artikel 116 kommen könnte, die für jeden in Berlin ein Alptraum waren. Ein paar Tage lang sind abenteuerliche Gerüchte im Umlauf, während Ago von Maltzan im Hintergrund alles daransetzt, das von ihm schon immer angestrebte Sonderabkommen mit den Russen doch noch unter Dach und Fach zu bringen.

In der Nacht vom 15. auf den 16. April ist es so weit, als Maltzan einen Anruf des Volkskommissars Georgi Tschitscherin erhält. Am Abend unterzeichnen die deutsche und die russische Delegation in dem ligurischen Seebad Rapallo einen Vertrag, in dem beide Staaten auf etwaige Entschädigungsansprüche verzichten, volle diplomatische Beziehungen aufnehmen und sich in ihren wirtschaftlichen Beziehungen die Meistbegünstigungsklausel zusprechen.

»Als kurz darauf die übrigen Delegationen informiert wurden, wirkte die Ankündigung wie eine Bombe«, erinnert sich der Außenamtsmitarbeiter Wipert von Blücher. »Die beiden Verfemten der Konferenz hatten sich zusammengefunden, ohne sich um die anderen zu kümmern, und einen Vertrag abgeschlossen, während die übrigen Delegationen noch mit leeren Händen dastanden.« Rapallo sollte auf absehbare Zeit im Westen zu einem negativen Mythos werden, der vernünftigen Schritten wie dem unter britischer Führung zur Vorlage in Genua ausgearbeiteten Plan einer abschließenden Regelung der Reparationsfrage erst einmal im Wege stand. Der Rapallo-Vertrag, so der an der Ausarbeitung dieser Pläne beteiligte schwedische Finanzmann Marcus Wallenberg, sei »die größte Torheit, die von der deutschen Politik nach Kriegsende begangen« wurde.

Lloyd George verlangt sofort kategorisch, daß der Vertrag annulliert werden müsse, allerdings ohne Erfolg. Frankreich sieht sich plötzlich mit der Schwäche seines die kleinen osteuropäischen Länder umfassenden Bündnissystems konfrontiert. Deutschland hat zum ersten Mal nach dem Krieg wieder Stärke gezeigt, was viele in der Heimat zu schätzen wissen. »Bei uns gratuliert man einander«, stellt Harry Graf Kessler fest, »weil wir mit einem Gewinn *für uns* nach Hause kommen. Damit gibt man sich zufrieden! *Wir* haben gut abgeschnitten! Daß damit nichts für den Wieder-

Walther Rathenau:
»Größer als alle, die um ihn stehen«

Walther Rathenaus Mutter erfährt aus der Zeitung, daß ihr Sohn das Amt des Außenministers angenommen hat. »Als Rathenau wie gewöhnlich zum Mittagessen seine Mutter besucht«, berichtet eine Freundin, »sitzen sich beide gegenüber und stochern in ihrem Mittagessen herum, bis endlich die Mutter fragt: Walther, warum hast du mir das angetan? Und er antwortet: Ich mußte es ja, Mama, weil sie keinen anderen gefunden haben.«

Der Schriftsteller Stefan Zweig, der Rathenau sehr verehrt, porträtiert ihn in seinen Erinnerungen als ebenso unermüdliche wie beeindruckende Persönlichkeit: »Er hatte ständig seinen Tag bis auf die einzelne Minute eingeteilt und konnte doch jederzeit mühelos von einer Materie in die andere umschalten, weil sein Gehirn immer parat war, ein Instrument von einer Präzision und einer Rapidität, wie ich es nie bei einem anderen Menschen gekannt habe.« Einige Zeilen später schreibt Zweig, immerhin einer der beliebtesten deutschsprachigen Schriftsteller während der Weimarer Jahre und ganz sicher ein kluger Mann: »Wenn man mit ihm sprach, fühlte man sich gleichzeitig dumm, mangelhaft gebildet, unsicher, verworren angesichts seiner ruhig wägenden, alles klar überschauenden Sachlichkeit.«

Selbst seine Mörder haben Respekt vor Rathenau. Einer von ihnen ist Erwin Kern, ein blonder und blauäugiger fünfundzwanzigjähriger Seeoffizier. Er sagt: »Ich habe die Absicht, den Mann zu erschießen, der größer ist als alle, die um ihn stehen.« Nach seiner Ermordung nehmen in Berlin auf einem Trauermarsch eine Million Menschen Abschied von ihrem Außenminister.

aufbau oder Neubau Europas erreicht ist, kommt gemäß der alten Einstellung auch Leuten wie Wirth oder Rathenau (...) nicht zum Bewußtsein. Verdrängter Nationalismus, der kaum weniger tödlich ist als der offene.« Rapallo war, wie Heinrich August Winkler zu Recht bemerkt, ein gefährlicher »Rückfall in wilhelminische Risikopolitik«, was spätestens deutlich wird, als Raymond Poincaré vier Tage nach dem Ende der Konferenz von Genua in Bar-le-Duc vor einem tobenden Publikum den Deutschen mit einer Militärintervention droht, wenn sie jemals versuchen sollten, sich den Verpflichtungen des Versailler Vertrags zu entziehen.

Alltagsleben in der Weimarer Republik

Wirtschaftliche Not bestimmt den Alltag vieler Deutscher zu Beginn der Weimarer Republik. Aber die Krise, die gleichzeitig Neuanfang ist, geht weit über die materielle Not hinaus. Stefan Zweig beschreibt in seiner Biographie Die Welt von gestern die Jahre vor dem Ersten Weltkrieg als »das goldene Zeitalter der Sicherheit«. Mit dem Zusammenbruch der Monarchie geht auch dieses allgegenwärtige Gefühl der Geborgenheit und Zugehörigkeit verloren. Selten ist eine Generation so jäh in ein völlig neues Zeitalter gestoßen worden.

Menschen ohne Arbeit fallen tief: Die soziale Absicherung beschränkt sich oft auf einen Teller Suppe in der Armenküche. Der Reallohn der kleinen Fabrikarbeiter wird wegen der stetig steigenden Lebenshaltungskosten erst 1928 wieder den Stand von 1914 erreichen. Auch die Wohnungsnot ist drückend. In Königsberg leben 54 Prozent, in Magdeburg 46 Prozent der Familien in Wohnungen mit nur einem Zimmer. Die drangvolle Enge wird deutlich, wenn man weiß, daß in Königsberg jedes vierte, in Magdeburg jede fünfte dieser Zimmer mit sechs

Bürgerliches Familienfest in Essen, Ende der zwanziger Jahre. Gerade in großbürgerlichen Häusern ist Platz für drei Generationen. Aber viele junge Menschen, auch Frauen, sind mobil und wohnen lieber »möbliert« zur Untermiete als bei den Eltern.

Personen und mehr belegt ist. Beinahe ebenso verheerend wie die reale Armut sind die psychologischen Folgen der unerwarteten Niederlage im Weltkrieg. Orientierungssysteme brechen zusammen, die eben noch so stolzen Deutschen müssen erleben, wie ihnen die Siegermächte ihre Bedingungen diktieren, und wenig später wird die Inflation quasi über Nacht Millionen ehrenwerter Bürger und von ihren Zinsen lebende Rentiers zu Bettlern degradieren. Mit den Ersparnissen geht das Wertesystem dahin, denn die anständigen Bürger sind die Verlierer, während Geschäftemacher, Spekulanten und Kriegsgewinnler ihren Reichtum in Amüsierbetrieben verprassen.

Die Folgen des Ersten Weltkriegs sind im Alltagsleben lange präsent. Kriegsversehrte prägen das Straßenbild ebenso wie unterernährte Kinder. Der chronische Mangel an Grundnahrungsmitteln zwingt die Stadtbewohner zu Hamsterfahrten und zum Tausch von Wertgegenständen gegen Kartoffeln, Eier, Mehl oder Zucker.

Arbeiterinnen und Arbeiter in einer kleinen Brauerei in Zwickau,1929. Die Depression beendet ab 1929 den kurzen Aufschwung des Bierkonsums in Deutschland und läßt den Verbrauch auf 60 Prozent der Jahre 1925 bis 1929 schrumpfen. Er lag schon da deutlich unter den Werten vor dem Ersten Weltkrieg, wo er wie heute 120 Liter pro Einwohner betrug.

Rheinische Fröhlichkeit auf einer Karnevalsgesellschaft im Ruhrgebiet, Mitte der zwanziger Jahre. Die Damen tragen statt Kostüm lieber ein Charleston- oder ein elegantes Nachmittagskleid. Herren setzen einen Zylinder nicht nur als Verkleidung auf. Bei feierlichen und offiziellen Anlässen ist er der einzig passende Hut zu Frack oder Cutaway.

Diesem grauen Elend steht – vor allem in Berlin – eine einzigartige Kunst- und Kulturszene von seltener Intensität gegenüber. Die Namen der damals hungrigen Bohemiens und Avantgardisten sind heute Symbole für die größte Zeit des deutschen Kulturlebens im 20. Jahrhundert: Max Reinhardt und Erwin Piscator zaubern große Inszenierungen auf die Bühnen der Stadt, die Dramatiker Brecht und Zuckmayer arbeiten als Dramaturgen am Deutschen Theater, Kurt Weill und Arnold Schönberg sind auf der Suche nach Verdienstmöglichkeiten, Journalisten wie Tucholsky und Mehring kommentieren die Zeit, in Berlin leben Wissenschaftler wie Albert Einstein und Emigranten wie Vladimir Nabokov, suchen Erich Kästner und Erich Maria Remarque ihr Glück, malt Max Liebermann die Größen der Zeit. Eine heute kaum noch vorstellbare Welle von Kreativität und neuem Denken bringt die Stadt zum Vibrieren: Vermutlich gibt es keinen Ort der Welt, der – mit ein wenig Geld in der Tasche – intellektuell aufregender und sinnlicher ist als das Berlin der zwanziger Jahre.

Neue Medien befriedigen das Bedürfnis der Menschen nach Unterhaltung und Entspannung. Der deutsche Film setzt Maßstäbe. Friedrich Wilhelm Murnau dreht »Nosferatu« (1922), Fritz Lang »Dr. Mabuse, der Spieler« (1922) und den zweiteiligen Nibelungen-Film (1924), das Leben in der Metropole fangen die Dokumentarfilme »Berlin-Symphonie einer Großstadt« (1927) von Walter Ruttmann und Robert Siodmaks »Menschen am Sonntag« (1930) realistisch ein. Mitte der zwanziger Jahre gehen täglich etwa zwei Millionen Menschen in die Kinos, und das finanzkräftige Bürgertum besucht die Opernhäuser und die Theater oder amüsiert sich in den zahlreichen Revuen der Großstädte. Seit 1923 sendet auch der Rundfunk ein tägliches Programm.

Wichtigste Informationsquelle sind aber weiterhin die 3400 im Deutschen Reich erscheinenden Tageszeitungen. Am auflagenstärksten ist mit 400 000 Exemplaren die Berliner Morgenpost. Beliebt sind auch Illustrierte mit Bildreportagen wie die Berliner Illustrirte Zeitung.

Noch vor dem Ersten Weltkrieg war das Rauchen, vor allem das in der Öffentlichkeit, extravaganten Damen der besseren Gesellschaft vorbehalten. In den zwanziger Jahren zünden sich immer mehr Frauen in der Öffentlichkeit eine Zigarette der Marke Saba oder R6 an, um mit diesem männlichen Symbol ihr neues Selbstbewußtsein zu zeigen.

Die Rationalisierung des Alltags erfaßt in der Weimarer Republik zumindest die bürgerlichen Haushalte. Hausfrauen lernen die Vorzüge von Einbauküchen sowie zeit- und kraftsparender elektrischer Geräte wie Staubsauger oder »Bügeleisen mit automatischer Temperaturregelung« schätzen. Seit 1928 bietet die Allgemeine Elektricitäts-Gesellschaft (AEG) ihren »Volksherd« an. Doch läßt die mangelnde Versorgung mit Strom den flächendeckenden Großeinsatz von elektrischen Geräten noch nicht zu. Am ehesten rentabel ist die Verstromung von Kohle natürlich in der Großstadt. Berlin hat mit 500 000 Anschlüssen Ende der zwanziger Jahre die höchste Telefondichte der Welt.

Aber die Zeit, da die Frauen sich nur um Küche, Kirche und Kinder kümmern, ist vorbei. Ein Drittel der Frauen geht Mitte der zwanziger Jahre einer Erwerbstätigkeit nach, sie arbeiten als Hausangestellte, Fließbandarbeiterinnen, Verkäuferinnen, Sekretärinnen oder Stenotypistinnen. Emanzipierte Frauen, die in akademischen oder freien Berufen aufsteigen, sind weiter die Ausnahme. Aber eine Karriere ist jetzt zumindest möglich, wie die Journalistinnen Vicki Baum, Dinah Nelken und Gabriele Tergit oder Kabarettistinnen wie Valeska Gert, Rosa Valetti und Trude Hesterberg zeigen. Manche der jungen Großstädterinnen werden geradezu Ikonen: Die Avantgardetänzerin Anita Berber steht für die unglaubliche Tanzwut in den »Roaring Twenties«, Filmvamp Marlene Dietrich für die Kinobegeisterung. Diese populären Frauen transportieren durch ihr Leben, aber auch in den Medien das Bild der »Neuen Frau« mit modischem Bubikopf und kniekurzem Rock, die in angesagten Tanzcafés und Frauenbars sitzt und sich beim Boxen oder Autofahren – den neuen modischen Volkssportarten – ablichten läßt.

Rechte Seite oben: Ziegeleiarbeiterinnen in Aschaffenburg im letzten Kriegsjahr 1918. Die Frauen, die im Ersten Weltkrieg auch in der Schwerindustrie die Männer ersetzt haben, müssen nach der Heimkehr der Männer aus dem Feld und der Gefangenschaft ihre Arbeitsplätze räumen. Trotzdem sind 1924 noch 700 000 Kriegsteilnehmer ohne Arbeit.

Rechte Seite unten: Im Handel arbeiten immer mehr junge Frauen. Verkäuferinnen in einem Kaufhaus der Leonhard Tietz AG bei der wöchentlichen Personalschulung »im Sinne des Kundendienstes«. Jedes Haus von Leonhard Tietz (Kaufhof) hat eine Abteilung zur Förderung des Personals, die von einer Instruktuerin geleitet wird.

DAS JAHR 1923

Die Ruhrkrise

Als fünf französische Divisionen, unterstützt durch belgische Verbände, am 11. Januar 1923 tatsächlich einen lebenswichtigen Teil des Reichs, das Ruhrgebiet, besetzen, ist Joseph Wirth nicht mehr Kanzler. Walther Rathenau ist am 24. Juni 1922 auf der Fahrt ins Außenministerium auf der Königsallee im Berliner Grunewald einem brutalen politischen Attentat zum Opfer gefallen, hinter dem wieder, wie im Fall Matthias Erzberger, die rechtsradikale »Organisation Consul« steht. Das Attentat wurde durch eine bis dahin nicht gekannte personenbezogene antisemitische Kampagne vorbereitet. »Der Rathenau, der Walther, erreicht kein hohes Alter«, hieß es in Parolen, die ihre Runde machten. »Knallt ab den Walther Rathenau, die gottverfluchte Judensau.« Erich Ludendorff hatte Rathenau 1919 vor einem Untersuchungsausschuß des Reichstags mit dem Ausspruch denunziert, er habe schon 1914 gesagt, an dem Tag, an dem der Kaiser als Sieger durch das Brandenburger Tor einziehe, habe die Weltgeschichte ihren Sinn verloren. Rathenau galt seit langem in deutschnationalen und völkischen Kreisen als die jüdische Personifikation der Dolchstoßlegende schlechthin. Der mit ihm befreundete Albert Einstein hatte ihn gewarnt, als er die exponierte Position des Außenministers übernahm, und auch an anderen Warnungen und Hinweisen auf geplante Anschläge hat es nicht gefehlt. Rathenau hat diese Warnungen immer wieder in den Wind geschlagen. Er legte sich zwar eine Browning-Pistole zu, die er ständig bei sich trug, verbat sich aber jeden Polizeischutz. Jetzt hatte man ihn auf offener Straße in seinem Cabriolet mit Maschinenpistolen und einer Handgranate regelrecht hingerichtet. Die Täter werden zwar bald gefaßt, doch innen- wie außenpolitisch hat der Mord eine enorme Krisenstimmung ausgelöst, von der auch die bis dahin mühsam gestützte deutsche Währung betroffen ist.

Plötzlich ist, nach dem Mord an Rathenau, alles Vertrauen in die Reichsmark wie verflogen,

Linke Seite: Zeche in Essen, Mitte der zwanziger Jahre. Da Deutschland angeblich absichtlich Lieferungen zurückhält, besetzen anfangs 60 000, später 100 000 belgische und französische Soldaten am 11. Januar 1923, ausgehend vom bereits okkupierten Düsseldorfer und Duisburger Raum, das gesamte Ruhrgebiet. Ziel der Besetzung ist es, Reparationszahlungen direkt als Kohlelieferungen einzutreiben. Die Bevölkerung, vor allem die Arbeiterschaft, reagiert mit passivem Widerstand und Streik.

und die Kapitalflucht nimmt ungeahnte Ausmaße an. Ausländische Anleger, besonders aus den USA, ziehen ihre Gelder zurück. Die Zinssätze für Kredite steigen teilweise auf über fünfzig Prozent. Im Juli gibt die Reichsregierung zu verstehen, daß sie für die Jahre 1923 und 1924 keine Reparationszahlungen in bar mehr leisten könne. Dies war eine der Ursachen für die französisch-belgische Besetzung des Ruhrgebiets gewesen, nachdem Poincaré jedes deutsche Gesuch um ein Moratorium mit dem Verweis abgelehnt hatte, Frankreich werde um jeden Preis auf den alliierten Rechten aus dem Reparationsabkommen bestehen. Er hatte also einen Vorwand gefunden und nun wahrgemacht, was von ihm nach dem Vertrag von Rapallo in Bar-le-Duc angekündigt worden war.

Bereits Ende 1922 hatte eine Zeit der Hyperinflation begonnen: Der Wert eines Dollars war auf 8000 Mark angestiegen. Jetzt machte sich auch bemerkbar, daß das Reich mit einer Inlandsverschuldung von 154 Milliarden Mark nach dem verlorenen Krieg dastand, einer ungeheuren Summe, die auf die Tatsache zurückzuführen war, daß Deutschland, anders als England, den Krieg nicht durch drastische Steuererhöhungen, sondern durch Reichsanleihen finanziert hatte in der Hoffnung, sie nach einem Sieg durch Reparationseinnahmen zurückzahlen zu können. Nach dem Krieg hätte man eigentlich den Staatsbankrott erklären müssen, doch das war inhaltlich wegen der dadurch absehbaren Verschärfung der innenpolitischen Krise nicht sinnvoll. Also machte man zunächst einmal so weiter und ließ das Loch zwischen Staatseinnahmen und -ausgaben wie gehabt durch Darlehen der Reichsbank füllen, die ihrerseits durch eine immer schneller laufende Notenpresse finanziert wurden. Eine Zeitlang ging das gut und führte sogar zu einem Aufschwung mit hohen Wachstumsraten, der bis zum Sommer 1922 anhielt, obwohl in den ersten drei Jahren nach dem Krieg gerade einmal 15 bis 35 Prozent der Reichsausgaben durch Steuern und Zölle gedeckt werden konnten. Dieses System kollabiert im Herbst 1922, und nach dem Einmarsch der Franzosen und Belgier in das Ruhrgebiet bricht es vollends zusammen.

Wirtschaftlich gesehen löst sich allerdings damit das Problem der Kriegsschulden wie von selbst. Von den 154 Milliarden Mark sind im Herbst 1923 durch die astronomische Inflation gerade noch einmal 15,4 Pfennig Staatsverschuldung nach dem Wert von 1914 übriggeblieben, und damit sind alle Voraussetzungen für eine künftige Stabilisierung von Haushalt und Wirtschaft gegeben.

Politisch gesehen ist das Jahr 1923 das turbulenteste, das die Republik erleben wird und das sie mehrfach an den Rand ihrer Existenz treibt. Es beginnt im Januar mit der Besetzung des Ruhrgebiets, einer Aktion, die »ohne den Schock von Rapallo«, wie Heinrich August Winkler bemerkt, in ihrer

Ernst von Salomon: Attentäter und Literat

Ernst von Salomon ist ein »guter Schriftsteller und guter Attentäter«, schreibt der Wiener Kritiker Alfred Polgar über den Freikorpskämpfer und nationalistischen Agitator. Polgar faßt in seiner kurzen Bemerkung tatsächlich das Leben Salomons in der Weimarer Republik zusammen. Wegen Beihilfe zum Mord an Walther Rathenau wird er 1922 zu fünf Jahren Zuchthaus, im März 1927 zu weiteren 18 Monaten Haft verurteilt. Und 1930 erscheint sein erster Roman, Die Geächteten, *in dem er seine Entwicklung vom preußischen Kadetten zum Kämpfer gegen die Demokratie schildert.*

Als Sohn eines Offiziers wird der 1902 in Kiel geborene von Salomon in Kadettenanstalten erzogen und früh vom soldatischen Ehrenkodex geprägt. Als Mitglied eines im Baltikum und Oberschlesien kämpfenden Freikorps und als Teil der rechten Elite in Berlin verabscheut er die politischen Vertreter der Republik. Sein Denken ist allerdings nicht vom Nationalsozialismus infiziert. Er begeistert sich ebenso für die nationale Bauernbewegung in Norddeutschland wie für die »Selbsterneuerung Rußlands durch den Bolschewismus«.

In den dreißiger Jahren lebt von Salomon gemeinsam mit seiner jüdischen Lebensgefährtin Ille Gotthelft in Berlin. Er arbeitet als Journalist und als Autor bei der UFA, für die er Drehbücher von Unterhaltungs- und Kolonialfilmen wie »Kautschuk« und »Carl Peters« schreibt. Zu den Nationalsozialisten hat er keine Verbindung.

1945/46 internieren ihn die Amerikaner. Fünf Jahre später bringt er seinen Roman Der Fragebogen *heraus, in dem er sich autobiographisch den 131 Fragen der Entnazifizierungsbehörden stellt. Der Roman löst heftige Diskussionen aus und wird zum ersten literarischen Bestseller in der jungen Bundesrepublik Deutschland.*

Ernst von Salomon Ende der vierziger Jahre. Der Schriftsteller ist neben Ernst Jünger einer der wichtigsten geistigen Vertreter der »Konservativen Revolution«. 1927 verwendet Hugo von Hofmannsthal in einer Rede erstmals diese paradoxe Wortkombination. Die Ideen der »Konservativen Revolution« sind von unterschiedlichsten Strömungen geprägt. Gemeinsam ist ihren Vertretern die Kritik am Liberalismus, Parlamentarismus und am Weimarer Parteienstaat, der mit deutscher Kultur nicht vereinbar und den Deutschen nach der Niederlage im Ersten Weltkrieg aufgezwungen worden sei. Einer der Theoretiker der »Konservativen Revolution« ist Arthur Moeller van den Bruck. Seinen Buchtitel »Das dritte Reich« übernehmen die Nationalsozialisten als politisches Schlagwort.

Radikalität kaum zu erklären war, zumal die deutschen Zahlungsrückstände bis dahin noch kein bedeutsames Ausmaß angenommen hatten. Poincaré konnte sich für die Besetzung des Ruhrgebiets einer deutlichen Mehrheit von 453 zu 72 Stimmen in der Pariser Nationalversammlung sicher sein. *La Ruhr* war das wirtschaftliche Zentrum Deutschlands, dessen Kontrolle auch aus sicherheitspolitischen Erwägungen heraus geboten zu sein schien, vor allem weil die in Versailles beschlossenen Bündnisverträge zwischen Frankreich, England und den USA immer noch auf Eis lagen. Aber in gewisser Weise war die Ruhrbesetzung auch ein Versuch, von französischer Seite aus die Versailler Verträge zu revidieren und vielleicht durch eine Abtrennung des Rheinlandes doch noch das herauszuholen, was zuvor am Widerstand Woodrow Wilsons gescheitert war.

Der »französisch-belgische Gewaltakt«, den das *Berliner Tageblatt* am 11. Januar meldet, hat in Deutschland eine Stimmung hervorgerufen, die in vielem dem Aufbruch während der ersten Tage des Weltkriegs gleichkam. Das Rheinisch-Westfälische Kohlensyndikat, die zentrale Leitung des Ruhrbergbaus, war unmittelbar vor der Besetzung mitsamt allen für die Kohlewirtschaft wichtigen Unterlagen von Essen nach Hamburg verlegt worden, und an der Ruhr selbst rufen Ebert und die Reichsregierung zum passiven Widerstand auf, was faktisch eine Aufforderung zum Generalstreik bedeutet. Alle Zechen haben die Anweisung erhalten, den Franzosen keine Kohle zu liefern, selbst dann nicht, wenn sie dafür zahlen würden. Kein Beamter soll Befehle der Besatzungsmacht entgegennehmen, kein Eisenbahner zum Dienst erscheinen. Dem Aufruf zum passiven Widerstand wird fast ohne Ausnahme im gesamten Besatzungsgebiet gefolgt.

An der Ruhr herrscht eine Art Kriegszustand, nach den Worten Hagen Schulzes »eine Fortsetzung des Krieges mit anderen Mitteln, in gewisser Hinsicht ähnlich dem Stellungskrieg 1915–1918, als jede der beiden Seiten geglaubt hatte, die andere durch Ausbluten zur Aufgabe zwingen zu können«. Am 29. Januar wird über das gesamte Besatzungsgebiet der verschärfte Belagerungszustand verhängt und am 12. Februar eine Zollgrenze errichtet, mit der 72 Prozent der deutschen Kohleförderung, 54 Prozent der Roheisen- und 53 Prozent der Rohstahlproduktion vom übrigen Reich abgetrennt werden. Jede Ausfuhr in das unbesetzte Gebiet ist seitdem genehmigungspflichtig und mit hohen Abgaben verbunden. Poincaré will, spätestens seit Mai, als ihn ein in seinen Augen völlig unzureichendes Angebot der Reichsregierung erreicht, die bedingungslose Kapitulation. Streikende Arbeiter, zur Kollaboration nicht bereite Unternehmer und Beamte, die den

Rechte Seite: Der Arbeiter Karl Stein der Lederwerke Doer & Reinhart steht 1923 Modell für ein Denkmal, das das Unternehmen 1924 seinen Arbeitern setzt. Der Arbeiter zieht in der Wasserwerkstatt mit einer Spezialzange eine triefende Tierhaut aus dem Wasserbecken.

Jungen baden Mitte der zwanziger Jahre im Jahrhundertbrunnen des Bildhauers Ulfert Jamssen in der Essener Bernetstraße. Das Denkmal wurde im Jahre 1902 aus Anlaß der hundertjährigen Zugehörigkeit Essens zu Preußen eingeweiht.

Dienst verweigern, füllen die Gefängnisse. Allein im ersten halben Jahr der Besatzung werden 147000 Personen, darunter 46000 Beamte, ausgewiesen. Im März richten französische Militärs unter Krupp-Arbeitern ein Blutbad an. Doch anstelle der Verantwortlichen wird Gustav Krupp von Bohlen und Halbach zu 15 Jahren Gefängnis verurteilt. Im Mai gibt es zwanzig Tote bei Unruhen in Dortmund. Deutsche Partisaneneinheiten aus Freikorpskreisen verüben Sprengstoffattentate. Aber niemand kann diesen Stellungskrieg wirklich gewinnen.

Harry Graf Kessler ist zu dieser Zeit in Paris. Gewisse Franzosen seien der Ansicht, sagt ihm dort der Schriftsteller Pierre Jouve, wie Kessler ein überzeugter Europäer und Verfasser einer großen Antikriegsdichtung noch während des Weltkriegs, »Frankreich könne jetzt die politische und wirtschaftliche Hegemonie auf dem Kontinent erringen und vielleicht fünfzig Jahre halten, dann allerdings werde der Zusammenbruch kommen. Aber sie akzeptierten die Idee eines kurzlebigen Glanzes und *après*

Geldentwertung in der Weimarer Republik

Im Oktober 1923 verzehnfachte sich der Kurs der Reichsmark zum Dollar durchschnittlich alle zehn Tage.

Dollar	Datum	Zeitraum der Verdoppelung	Dollarkurs (in Mark)
1 $	1. Jul 1914		4,20 RM
1 $	1. Jan 1920	1953 Tage	41,98 RM
1 $	3. Jul 1922	891 Tage	420 RM
1 $	21. Okt 1922	108 Tage	4430 RM
1 $	31. Jan 1923	101 Tage	49 000 RM
1 $	24. Jul 1923	174 Tage	414 000 RM
1 $	8. Aug 1923	13 Tage	4 860 000 RM
1 $	7. Sep 1923	30 Tage	53 000 000 RM
1 $	3. Okt 1923	26 Tage	440 000 000 RM
1 $	11. Okt 1923	8 Tage	5 060 000 000 RM
1 $	22. Okt 1923	11 Tage	40 000 000 000 RM
1 $	3. Nov 1923	11 Tage	420 000 000 000 RM
1 $	15. Nov 1923	12 Tage	4 200 000 000 000 RM
1 $	15. Nov 1923		4,20 Rentenmark

Quelle: Weltwirtschaftliches Archiv, Band 23, Halbband 1/26, S. 134

nous le déluge«, nach uns die Sintflut. Doch schon die Aktion »Ruhrbesetzung« war strategisch und politisch alles andere als durchdacht.

Bereits im Februar muß in Lothringen die Stahlproduktion eingestellt werden, weil wegen des passiven Widerstands die benötigten Kohlelieferungen von der Ruhr ausgeblieben sind, und das trotz der 100 000 belgischen und französischen Techniker, Ingenieure und Arbeiter, die im Gefolge der Besatzungsarmee zur Aufrechterhaltung der Produktion mit ins Ruhrgebiet eingezogen waren. 800 Kilometer des Eisenbahnnetzes sind verstopft, da die Züge wegen des Streiks der Eisenbahner nicht rollen können. »Lokomotiven, Schienen setzten Rost an«, schildert Lion Feuchtwanger in dem Nachkriegsroman *Erfolg* die Auswirkungen des Boykotts, »die Kohlehaufen, die man nicht abtransportieren konnte, türmten sich, wurden Berge, fraßen sich weit ins Land hinein, da man sie, wollte man Selbstentzündung vermeiden, nicht höher schichten konnte.« Auch Versuche, die Ruhrindustrie direkt mit der Wirtschaft Frankreichs und Belgiens zu vernetzen, und die Umwandlung der Eisenbahn in eine eigene Gesellschaft unter belgischer und französischer Beteiligung zeigen nicht die gewünschten Erfolge. »Das Unternehmen scheiterte vollständig«, so Karl Dietrich Bracher: »Es steigerte die inflatorischen Tendenzen in der französischen Wirtschaft und stürzte die deutsche Wirtschaft, die zudem die Last des

Die Inflation: Billige Kredite und Geldcollagen

Im Sommer 1922 beginnt der Kurs der Reichsmark rapide zu fallen. Im Juli fordern die Banken noch 500 Mark für einen Dollar, im folgenden Januar schon 17000, ein weiteres halbes Jahr später 350000. Im Winter 1923 kann man für 500 Dollar ein Haus kaufen. Ganze Straßenzüge in den großen Städten gehen in den Besitz von Schweizern oder Amerikanern über.

Aber auch unter den Deutschen kennt die Inflation Gewinner. Einer von ihnen kommt in Otto Friedrichs Buch Morgen ist Weltuntergang zu Wort: »Ich ging im Frühjahr 1922 nach Holland und suchte nach irgendeiner Möglichkeit, an harte Währung zu kommen. In den Kohlegruben bei Limburg fand ich Arbeit. Wir arbeiteten ganz unten, auf der Sohle der Mine, und hackten mit Spitzhacken, was wir konnten. Es war ungeheuer heiß, um die vierzig Grad, und staubig, aber am Ende der Frühlingsferien hatte

ich fünfzig Gulden zusammengespart und dachte darüber nach, wie ich der Inflation ein Schnippchen schlagen könnte. Ich benutzte die Gulden als Sicherheit für einen kurzfristigen Bankkredit, den ich mit den abgewerteten Märkern zurückzahlte. Dann nahm ich einen neuen Kredit auf. Auf diese Weise finanzierte ich mir ein ganzes Semester in Heidelberg und hatte am Ende immer noch dieselben fünfzig Gulden.«

Die meisten Menschen in Deutschland aber leiden unter Hunger, Angst und Hoffnungslosigkeit. Der Maler, Fotograf und Bauhaus-Dozent László Moholy-Nagy, der im schrecklichen Winter 1923 zusammen mit dem Dada-Dichter Kurt Schwitters in einer Berliner Mansarde haust, hat schon seit Wochen kein Geld mehr, um Farbe oder Leinwände zu kaufen. Er macht aus der Not eine Tugend und folgt dem Beispiel des Künstlerfreundes: Er verarbeitet seine alten, wertlosen Reichsmarkscheine zu bunten Collagen.

Mit Beginn der Inflation und um den Mangel an Hartgeld zu beheben, geben Städte und Firmen Notgeldscheine aus, die nicht immer auf Mark und Pfennig lauten, sondern auch Gegenwert für Sach- und Dienstleistungen sein können. Selbst kleinste Städte wie Horneburg im Alten Land bei Hamburg sehen sich zwischen 1921 und 1923 zum Druck kommunalen Notgeldes veranlaßt.

Pflügen mit Menschenkraft auf einem Feld im nördlichen Ruhrgebiet zur Zeit der beginnenden Inflation. Schon im Ersten Weltkrieg mußten sich viele Nebenerwerbslandwirte auf diese Weise behelfen.

passiven Widerstands gegen die Besetzung zu tragen hatte, in die finanzielle Katastrophe.« Im April liegt der Dollarkurs bei 20 000 Mark, und es ist erst der Anfang einer progressiven Talfahrt der deutschen Währung, die kein Ende finden will, weil immer mehr ungedeckte Mittel aus dem Reichshaushalt in das besetzte Gebiet fließen, um die durch den passiven Widerstand arbeitslos gewordene Bevölkerung ernähren zu können. Die Preise explodieren. Ein Osterei kostet in diesem Jahr zwischen zwei- und dreitausend Mark.

Aber auch gewöhnliche Grundnahrungsmittel werden wegen der galoppierenden Inflation für viele bald zu Luxuswaren. »Da stehen sie, frech oder verängstigt, geschwätzig oder wortlos, bittend, bettelnd: Ach nur eine Tasse Kaffee oder eine Schrippe«, beschreibt Hans Fallada in *Wolf unter Wölfen* die Not dieser Zeit. »Die um ihre Rente gebrachten Kriegswitwen, die Arbeiterfrauen, denen der Wochenlohn auch des nüchternsten, des

Dorfszene in Rheinhessen, Mitte der zwanziger Jahre. Im Volksstaat Hessen regiert seit November 1918 die SPD mit der linksliberalen DDP in einer Koalition, der erst 1927 das Zentrum beitritt. Bis zum Aufkommen des Nationalsozialismus wählt das Bürgertum auf dem Land vor allem die rechtsliberale DVP.

fleißigsten Mannes mit jeder Dollarentwertung aus der Hand gelistet wird, Mädchen, fast noch Kinder, die das Elend der kindlichen Geschwister nicht mehr ansehen können.« Im Sommer erreicht die Geldentwertung neue Höchststände. Im Juni zahlt man für einen Dollar 110 000 Mark, im August sind es schon 4,6 Millionen. Ende September ist der Wechselkurs auf die astronomische Marke von einer Billion geklettert.

Der passive Widerstand ist unbezahlbar geworden, wie Gustav Stresemann, seit dem 14. August Regierungschef einer großen Koalition, Anfang September aufgrund der ihm vorgelegten Zahlen und Fakten nüchtern feststellen muß, auch wenn emotional aufgeladene Kreise, konzeptlos wie immer, in jedem Einlenken sofort einen Verrat an der Sache des Vaterlands erblicken wollen und Stresemann dafür, wie Erich Ludendorff es tut, als Freimaurer und somit »künstlichen Juden« beschimpfen.

Reichskanzler Hans Luther: Ein bürgerlicher Technokrat

Der Nationalökonom Edgar Salin schreibt über Hans Luther, er sei der »Retter des deutschen Volkes aus der größten Inflation aller Zeiten«. Wilhelm von Sternburg bestreitet Luthers Leistung nicht, sieht in dem Reichskanzler zweier Kabinette zwischen Januar 1925 und Mai 1926 aber eher einen Verwaltungsmann als einen Politiker: »Sein beruflicher Aufstieg ... während des Kaiserreichs gleicht mehr einer Beamtenlaufbahn als einem über demokratische Prozeduren erkämpften Weg in die Macht.«

Reichskanzler Hans Luther regiert mit einem rein bürgerlichen Minderheitskabinett, dem erstmals auch Minister aus der die Weimarer Republik ablehnenden Deutschnationalen Volkspartei angehören.

Tatsächlich arbeitet der im März 1879 geborene Sohn eines Kaufmanns nach dem Studium der Rechtswissenschaft fast zwanzig Jahre in kommunalen Verwaltungen. Er ist Beamter im Höheren Dienst, Stadtrat in Magdeburg, Vorstandsmitglied im Deutschen Städtetag und seit 1918 Oberbürgermeister in Essen. Im Kabinett Cuno wird der parteilose Luther 1922 Minister für Ernährung und Landwirtschaft, ein Jahr später hat er im Kabinett Stresemann als Finanzminister großen Anteil an der Konsolidierung des Finanzsystems.

Am 15. Januar 1925 wird Luther als neunter Reichskanzler der Weimarer Republik eingesetzt. Sein Kabinett bricht jedoch wegen des Locarno-Abkommens bereits nach neun Monaten auseinander, weil ein Minister der Deutschnationalen Volkspartei dem Pakt nicht zustimmen will, der Deutschland, Belgien und Frankreich zum Verzicht auf eine gewaltsame Revision der Grenzen verpflichtet. Sechs Wochen später bildet Luther ein zweites Kabinett, das aber nach gerade einmal fünf Monaten erneut zurücktritt.

1930 wird er Reichsbankpräsident und vertritt anschließend das Deutsche Reich bis 1937 als Botschafter in den USA. Nach dem Zweiten Weltkrieg ist Luther am Wiederaufbau des westdeutschen Bankwesens beteiligt. Er stirbt 1962 in München.

Stresemann aber ist sich der Tatsache bewußt, daß wieder einmal, und zum ersten Mal ernsthaft, das ganze Reich auf dem Spiel stehen kann. Streiks hatten im Sommer die Notenpressen für eine Zeitlang lahmgelegt, und am 11. August hatte eine »Vollversammlung der revolutionären Betriebsräte Groß-Berlins« zum Sturz der Regierung aufgerufen. In Bayern, das sich seit dem Kapp-Putsch immer mehr zu einem Refugium rechtsextremer Kräfte entwickelt hatte, breiteten sich unter den Militärs partikularistische Strömungen aus. Im Zweifelsfall, forderte der Generalstabsoffizier und Nationalsozialist Ernst Röhm im August, müsse »offen mit Berlin gebrochen werden«. Auch ein drohender Abfall der Rheinlande, in denen es seit dem Spätsommer mit Unterstützung der Franzosen an mehreren Orten Separatistenputsche und Pläne zur Abtrennung der Verwaltung von Preußen gegeben hatte, konnte letztlich nur durch eine schnelle Beendigung der Krise verhindert werden.

Es müsse als ein »ehrenhafter Ausgang des Ruhrkampfs angesehen werden«, teilt Stresemann dem Kabinett aus allen diesen Gründen am 23. August mit, »wenn es dem Deutschen Reich gelingt, die Souveränität (über das Besatzungsgebiet) aufrechtzuerhalten«. Am 26. September verkündet die Reichsregierung formell den Abbruch des Ruhrkampfs, nachdem ihr durch einen demonstrativen Parisbesuch des britischen Premiers am 19. September noch einmal deutlich gemacht wurde, daß auch aus London, das noch im August die Ruhrbesetzung für unrechtmäßig erklärt hatte, keine Unterstützung zu erwarten war. Es blieb nur noch der Weg der Kapitulation, den Stresemann aber, aus Verantwortung für Deutschland, nun für unabdingbar hält. »Um das Leben von Volk und Staat zu erhalten, stehen wir heute vor der bitteren Notwendigkeit, den Kampf abzubrechen«, heißt es in der Proklamation, die das Ende des Ruhrkampfs verkündet. »Der Mut, die Aufgabe des passiven Widerstandes verantwortlich auf sich zu nehmen«, wird Stresemann zehn Tage später vor dem Reichstag in einer seiner größten Reden sagen, »ist vielleicht mehr national als die Phrasen, mit denen dagegen angekämpft wurde. Ich war mir bewußt, daß ich in dem Augenblick, wo ich das tat, als Führer meiner Partei, die nach einer ganz anderen Richtung eingestellt war, damit nicht nur vielleicht die eigene politische Stellung in der Partei, ja das Leben aufs Spiel setzte. Aber was fehlt uns im deutschen Volke? Uns fehlt der Mut zur Verantwortlichkeit!« Daß es angesichts dieser Kampfansage an das politische Risikospiel nicht zu einem Aufstand in seiner eigenen nationalliberalen Partei kam, hatte Stresemann hauptsächlich seinem Parteifreund Hugo Stinnes zu verdanken, der genau wußte, wie sehr der passive Widerstand auch für die Ruhrindustriellen inzwischen zu einem ihre Existenz bedrohenden Problem geworden war.

Gustav Stresemanns starke Hand

Die Zeit der politischen Risikospiele ist damit jedoch noch lange nicht vorüber. Am 26. September 1923 verhängt Bayern als Reaktion auf den Abbruch des passiven Widerstands den Ausnahmezustand. Angeblich um Unruhen zu verhindern, in Wirklichkeit jedoch, weil dem Regierungspräsidenten von Oberbayern, Gustav Ritter von Kahr, die in Berlin betriebene Politik nicht paßt. Kahr war ein Mann mit den besten Verbindungen zu rechtsnationalen Kreisen, ein bulliger, strammer Staatsbeamter mit Schnauzbart, der sich in der Zeit nach dem Krieg gern als Gegenbild zum intellektuell-bohemehaft wirkenden und eher schmächtigen Kurt Eisner stilisierte. Am 14. März 1920, also während des Kapp-Putschs in Berlin, wurde Kahr, dessen Hausmacht sich auf rechtsgerichtete Wehrverbände und Einwohnerwehren stützte, durch Reichswehrgeneral Ritter von Möhl, der dies wegen des in Bayern seit dem Ende der Räterepublik herrschenden Ausnahmezustands verfügen konnte, die vollziehende Gewalt übertragen. An der Spitze einer Regierung aus Bayerischer Volkspartei, Bayerischem Bauernbund und DDP entwickelte Kahr anschließend Bayern zu einer rechten »Ordnungszelle«, dem »letzten Anker Deutschlands«, wie Ernst Röhm sagen sollte, unter dessen Schutz seine und Hitlers NSDAP ihre ersten Erfolge feiern konnte. Im September 1921 war Kahr als Ministerpräsident Bayerns unter Protest zurückgetreten, nachdem er sich geweigert hatte, einer Notverordnung aus Berlin Folge zu leisten, durch die nach dem Mord an Matthias Erzberger Hetzblätter wie der *Miesbacher Anzeiger* oder der *Völkische Beobachter* hätten verboten werden sollen.

Seit dem 26. September 1923 ist Gustav von Kahr jedoch wieder im Amt, als bayerischer »Generalstaatskommissar« mit der kaum eingrenzbaren Vollmacht, »freie Hand für die Ausübung der vollziehenden Gewalt« zu haben, also als De-facto-Diktator. Eine Absprache mit Berlin über diesen Schritt hat es nicht gegeben. Als Antwort auf den bayerischen Alleingang verhängt die Reichsregierung noch am gleichen Tag den Ausnahmezustand über das ganze Reich.

Einen Tag vorher war Adolf Hitler zum Führer des Deutschen Kampfbunds ernannt worden, einer Zusammenfassung der völkisch-antisemitischen »vaterländischen Verbände« einschließlich der nationalsozialistischen SA. Kahrs alldeutsch-monarchistischen Vereinigten Vaterländischen Verbänden war damit eine Konkurrenz entstanden, die es schnell wieder unter Kontrolle zu bringen galt. Als eine seiner ersten Maßnahmen untersagt Kahr 14 für den 27. September vorgesehene Großkundgebungen der NSDAP und läßt sich davon auch durch Hitler, der persönlich bei ihm vorstellig wird, nicht wieder abbringen.

Doch ganz auf Hitler verzichten will Kahr auch nicht, und so widersetzt er sich erneut einer Anordnung aus Berlin, den *Völkischen Beobachter*, das Zentralorgan der Nazipartei, zu verbieten, der nach dem Abbruch des Ruhrkampfs mit antisemitischen Parolen gegen Berlin mobil gemacht hatte. Er untersagt General von Lossow, der auf Weisung seiner vorgesetzten Behörde, des Reichswehrministeriums, mit der Vollstreckung der Anordnung beauftragt ist, diese zu vollziehen, obwohl er dazu eigentlich überhaupt nicht befugt ist. Das sind eindeutige Fälle von Kompetenzüberschreitung und Befehlsverweigerung, die Lossow jedoch mit der sybillinischen Bemerkung glaubt übergehen zu können, ein Verbot des *Völkischen Beobachters* werde nur dazu führen, »daß neue Spaltungen und Schwierigkeiten in der vaterländischen Bewegung entstehen«.

Kahr und Lossow rechnen zu dieser Zeit damit, daß die Regierung Stresemann bald gestürzt und durch ein diktatorisches »Direktorium« in Berlin unter Einschluß des Generals von Seeckt ersetzt werden wird. Tatsächlich hat es solche Planspiele gegeben, was vielleicht auch erklärt, weshalb Seeckt nicht geneigt war, gegen die Insubordination des Generals von Lossow vorzugehen, obwohl dies eigentlich zwingend geboten gewesen wäre.

Adolf Hitler in typischer Pose mit jungen Mitgliedern der SA, 1922. Hitlers Aufstieg beginnt in München, das nach der Niederschlagung der Räterepublik zu einem Sammelbecken rechter Kräfte geworden ist. Hitlers »Bewegung« zeichnet sich in diesem Milieu durch ihren besonders radikalen Antisemitismus aus.

Kahr jedenfalls läßt der Chef der Heeresleitung in einem Brief wissen, wie sehr ihm die Verfassung der Republik und die ganze Sozialdemokratie *contre cœur* seien und daß sich solche Zustände schleunigst ändern müßten. Doch war Seeckt ein Mann, von dem man sich hinter vorgehaltener Hand gern erzählte, jedesmal, wenn er forsch zum Rubikon marschiere, tue er das nur in dem festen Willen, dort anschließend angeln zu gehen.

Gustav Stresemann konnte von Seeckt jedenfalls nicht trauen. Ohnehin ist die Lage im Reich auch nach dem Ende des Ruhrkampfs mehr als schwierig. Die französische Regierung unter Poincaré hatte sich auf den Standpunkt gestellt, der passive Widerstand sei erst dann beendet, wenn die Reparationsleistungen wiederaufgenommen würden, wozu das Reich

Reichskanzler Gustav Stresemann: Der Ausnahmepolitiker

Gustav Stresemann ist nur für drei Monate Reichskanzler in gleich zwei Koalitionen von DVP, DDP, Zentrum und SPD (August bis Oktober 1923 und Oktober bis November 1923). Dennoch ist er eine der wenigen politischen Konstanten in der deutschen Politik: Von 1924 bis 1929 ist er Außenminister aller während der »Goldenen Weimarer Jahre« regierenden Koalitionen.

Wie kaum ein zweiter formuliert der Gründer der rechtsliberalen Deutschen Volkspartei seine politischen Überzeugungen in der Weimarer Republik neu.

Aus einem erbitterten Gegner der Franzosen wird ein Mann der Verständigung. Golo Mann charakterisiert Stresemann so: »Während des Krieges hatte er zu den lautesten Agenten der ›Kriegszielbewegung‹ und zu Ludendorffs persönlichen Zuträgern gehört. Trotzdem besaß er hohe Intelligenz; auch die Gescheiten gehen fehl in Zeiten, die alles Maß verloren haben. Zur Mäßigung wollte Stresemann in der Nachkriegszeit zurückfinden. Er war entwicklungsfähig in einem Alter noch, in dem die meisten erstarren. ... Natürlich war er von Haus aus Monarchist; aber da nun mit den Hohenzollern einmal nichts zu machen war, so nahm er die republikanische Staatsform an.«

Stresemann erwirbt sich als Verständigungspolitiker große Verdienste, sieht aber ein ebenso wichtiges Ziel in der wirtschaftlichen Gesundung Deutschlands, weil nach seiner Überzeugung nur ein erstarktes Bürgertum eine demokratische Gesellschaft entwickeln kann.

Er stirbt, viel zu früh, im Jahre 1929. An seiner Beerdigung in Berlin am 6. Oktober nehmen 1,5 Millionen Menschen teil.

Gustav Stresemann wurde 1878 als Sohn eines Bierhändlers in Berlin geboren. Er studierte Nationalökonomie und war von 1902 bis 1918 Syndikus in einem sächsischen Industriellenverband. 1903 tritt er der Nationalliberalen Partei bei und wird 1907 in den Reichstag gewählt. Bei seiner Wahl ist Stresemann der jüngste Abgeordnete des Reichstages, dem er von 1907 bis 1912 und wieder von 1914 bis 1918 angehört. Fraktionsvorsitzender seiner Partei ist er in den Jahren 1917/18.

aber zu dieser Zeit überhaupt nicht in der Lage war. Also bauen die Franzosen weiter auf den rheinischen Separatismus. Am 25. Oktober wird unter der Führung des Würzburger Journalisten Franz Matthes in Koblenz eine »Rheinische Republik« ausgerufen, die genauso die Anerkennung Frankreichs findet wie Anfang November die »Regierung der Autonomen Pfalz« des Bauernführers Franz Josef Heinz. Konrad Adenauer schlägt in Köln die provisorische Bildung einer rheinischen Verwaltungsspitze mit eigener Finanzhoheit vor, was faktisch einer Abtrennung von Preußen gleichgekommen wäre und sich schnell, selbst wenn es für sich genommen noch kein separatistisches Konzept ist, in diese Richtung hätte entwickeln können. Stresemann lehnt den Plan deshalb entschieden ab.

Der Reichskanzler zieht es in dieser Lage vor, gegenüber der weitaus bedrohlicheren Entwicklung in Bayern zunächst einmal vorsichtig zu taktieren. Hingegen macht er reinen Tisch in Sachsen und Thüringen, Staaten, zu denen Bayern alle Beziehungen abgebrochen hatte, seit dort neben Sozialdemokraten auch Kommunisten in den Regierungen saßen. »Proletarische Hundertschaften«, kommunistische Paramilitärs, hatten in beiden Ländern seit August damit begonnen, Schußwaffen zu horten und ausgedehnte Geländeübungen zu veranstalten – »zur Abwehr der faschistischen Gefahr«, womit das benachbarte Bayern gemeint war. Auch von dieser Seite drohte ein Bürgerkrieg.

Als am 10. Oktober die *Rote Fahne* einen Brief Josef Stalins abdruckt, der mit dem Satz beginnt: »Die herannahende Revolution in Deutschland ist das wichtigste Weltereignis unserer Zeit«, entschließt sich der Kanzler zur »Reichsexekuti-

Mitglieder des Alpenvereins. Seit 1873, auch noch in den Jahren der Weimarer Republik, sind hier »Deutsche« und »Österreicher« im Deutschen und Österreichischen Alpenverein (DuÖAV) vereint. Am 12. November 1918 hat noch die provisorische Nationalversammlung von Deutschösterreich beschlossen: »Deutschösterreich ist ein Bestandteil der Deutschen Republik.« Ein Aufgehen des deutschsprachigen Teils Österreichs ins Deutsche Reich, den »Anschluß«, verbieten 1919 allerdings die Friedensverträge von Versailles und Saint Germain.

on« gegen Sachsen, auch deshalb, weil er befürchten muß, daß ihm die Bayern durch einen Einmarsch zuvorkommen könnten. Die »Proletarischen Hundertschaften« werden sofort aufgelöst. Gleiches wiederholt sich nur wenige Tage später in Thüringen.

Doch in Bayern passierte zunächst nichts. Statt dessen hatte erst kurz zuvor der Fraktionsvorsitzende von Stresemanns eigener Partei, der DVP, eine vollständige Abkehr vom Achtstundentag, einen »Bruch mit Frankreich« und die Einbeziehung der deutschnationalen DNVP in die große Koalition gefordert, die sich eben diese Ziele auf die Fahnen geschrieben hatte. Eine Verwirklichung dieses Programms hätte unweigerlich den Austritt der Sozialdemokraten aus der Regierung bedeutet und war auch kaum anders zu verstehen als ein taktischer Schritt in die Richtung des schon länger geplanten diktatorischen »Direktoriums« unter Einschluß des Generals Hans von Seeckt. »Gegebenenfalls«, so Stresemanns Antwort auf diese Herausforderung, müsse sich das Kabinett auch einmal »von den Fraktionen freimachen« können. Schließlich scheitert er doch, aber nur, um am 6. Oktober wieder von Ebert als Reichskanzler ernannt zu werden, wieder an der Spitze einer großen Koalition, jedoch mit einem personell veränderten Kabinett.

Während der Reichsexekutionen gegen Sachsen und Thüringen werden die Grundlagen für eine wirtschaftliche Sanierung Deutschlands gelegt, mit denen die Inflation beendet und die Folgen des Ruhrkampfs beseitigt werden sollen. Am 13. Oktober verabschiedet der Reichstag ein Ermächtigungsgesetz, das der Regierung Stresemann außerordentliche Vollmachten auf finanziellem, wirtschaftlichem und sozialpolitischem Gebiet einräumt. Am 16. Oktober wird auf der Grundlage dieses Gesetzes eine Rentenbank eingerichtet, die ab dem 15. November eine als Übergangszahlungsmittel gültige »Rentenmark« einführt. Mit dieser Währungsreform ist der Umtauschwert von einer Billion Papiermark auf eine Rentenmark festgelegt, in der Erwartung einer in Zukunft stabilen Währung der entscheidende Schritt zur Sanierung schlechthin. Auch aus Paris sind plötzlich versöhnliche Töne zu hören. Raymond Poincaré hatte sich am 25. Oktober dazu bereit erklärt, einem britisch-amerikanischen Vorschlag zuzustimmen, der eine Überprüfung der Reparationsfrage unter wirtschaftlichen Gesichtspunkten durch eine internationale Konferenz vorsah.

Bayern allerdings bleibt ein Problem. Wenn die Sozialdemokraten die Regierung verlassen würden, behauptet am 1. November Reichswehrminister Geßler während einer Kabinettssitzung, »so würde Herr von Lossow sofort verschwinden«. Das wollte Stresemann nicht, doch als die SPD-Reichstagsfraktion ihn ultimativ zum gleichen Vorgehen gegen Bayern wie gegen Sachsen und Thüringen auffordern will, verweigert er diese Maßnahme in nüchterner Einschätzung der Machtverhältnisse. Am 2. November treten die drei sozialdemokratischen Minister deshalb von ihren Ämtern zurück. Das war politisch nicht besonders klug, denn am selben Tag noch setzt Hans von Seeckt einen Brief an Gustav von Kahr in München

auf, in dem er ihm die vielen Gemeinsamkeiten ihrer Anschauungen darlegt, weil er offensichtlich der Ansicht ist, daß nun die Stunde des »Direktoriums« gekommen sei. Am 5. November verlangt Seeckt von Ebert die Entlassung Stresemanns und ein Kabinett der Rechten, eine Bitte, mit der ihn der Reichspräsident geschickt an den Kanzler weiterverweist. Auch Reichswehrminister

München, Ortsteil Neuhausen. Nähmaschinen und Fahrräder werden nicht nur hier am Rotkreuzplatz, sondern überall im Deutschen Reich gemeinsam verkauft. Denn ihre Reparatur erfordert die gleichen mechanischen Kenntnisse und Werkzeuge.

ter Geßler ist bei dieser seltsamen Begegnung zugegen. »Herr Reichskanzler«, sagt von Seeckt da zu Stresemann, »mit Ihnen ist der Kampf nicht zu führen. Sie haben das Vertrauen der Truppe nicht.« Und Stresemann fragt zurück: »Sie kündigen mir damit den Gehorsam der Reichswehr?« Doch bevor Seeckt antworten kann, ist schon sein Vorgesetzter Geßler eingesprungen mit den Worten: »Herr Reichskanzler, das kann nur ich.« Seeckt steht daneben – und schweigt. Wieder einmal hat er den Rubikon in letzter Sekunde nicht überschritten und ist in der Machtprobe mit Stresemann vorerst unterlegen.

In Bayern macht man unterdessen gegen Berlin mobil. Am 23. Oktober hatte der Führer der SA, Hermann Göring, während einer nationalsozialistischen Lagebesprechung einen Putsch und die Errichtung einer Diktatur angekündigt. Putschgerüchte hatte es das ganze Jahr über gegeben,

Heinz Orbis: Der Pfälzer Separatist

»Jetzt weiß ich, daß auch die Kugel für mich schon gegossen ist«, sagt der pfälzische Separatistenführer Franz Josef Heinz kurz vor seinem Tod nach einem Brandanschlag auf seinen Hof. Viele kennen den Landwirt auch unter dem Namen Heinz Orbis. Der Führer des Reichsverbandes der Freien Bauernschaft wird berühmt, als er mit seinem »Pfälzischen Corps« im Laufe des Jahres 1923 Kaiserslautern, Neustadt an der Haardt und Landau erobert und am 11. November 1923 in Speyer die »Regierung der Autonomen Pfalz« ausruft.

Noch in der ersten Jahreshälfte 1923 steht er für eine »deutsche Pfalz« ein. Aber bald darauf revidiert er wegen der drängenden wirtschaftlichen Probleme und der galoppierenden Inflation seine Haltung und sucht einen Ausweg in der Einführung des Franc als neuer stabiler Währung. Sein naives Ziel ist die Schaffung einer vom Deutschen Reich unabhängigen, Frankreich nahestehenden autonomen Republik, und natürlich betrachten die Besatzer seinen Kampf mit Wohlwollen. Aber die Revolte steht unter keinem guten Stern: Die pfälzischen Beamten sehen sich weiter durch ihren Eid an den Freistaat Bayern gebunden, und große Teile der Bevölkerung lehnen das Modell einer autonomen Pfalz ab.

Heinz Orbis' Vorahnung geht in Erfüllung. Am 9. Januar 1924 wird er von dem deutschen Nationalisten Edgar Julius Jung ermordet. Bischof Dr. Ludwig Sebastian verweigert Orbis als Sünder ein christliches Begräbnis. Selbst die linksliberale Zeitschrift Simplicissimus *schlägt als Grabinschrift vor: »Gestorben für das Selbstbestimmungsrecht der Strauchdiebe«. Allein der französische General de Metz verteidigt ihn als Patrioten und sagt auf der Trauerfeier, Orbis sei »für eine gerechte Sache« gestorben.*

als Hitler immer wieder während seiner großen Auftritte im Zirkus Krone einen »Marsch auf Berlin« im Stil Benito Mussolinis ankündigte, doch nun fordert Göring konkrete Schritte, darunter eine Liste von Personen, »deren Beseitigung notwendig ist«. Unabhängig davon hatte Gustav von Kahr zur selben Zeit bereits die Ausweisung von 60 jüdischen Familien verfügt, Leuten, die sich nach seinem pauschalen antisemitischen Verständnis während der Räterepublik angeblich »am meisten in der Anstachelung der Massen hervorgetan« hatten.

Am 24. Oktober spricht sich General von Lossow vor Reichswehr- und Polizeioffizieren sowie Vertretern der »Vaterländischen Verbände« für einen Marsch auf Berlin und die Errichtung einer »nationalen Diktatur« aus. Nationalsozialisten sind bei diesem Treffen nicht geladen, auch nicht

am 6. November, als Lossow, Kahr, der Polizeipräsident von Seißer und die »Vaterländischen
Verbände« sich wieder zusammenfinden und
Kahr von ihnen Gehorsam für seinen Kampf gegen Berlin fordert. Alle Versuche Erich Ludendorffs, Hitler mit diesen alldeutsch-nationalis-
tischen Putschistenkreisen zusammenzuführen,
werden von Kahr abgelehnt. Er weiß von Hitlers
eigenen Putschvorbereitungen, doch er nimmt
sie nicht wirklich ernst.

Ein bei den Kämpfen um Freiberg
in Sachsen von der Reichswehr
getötetes Mitglied der »Proletarischen Hundertschaften« wird von
den Sanitätern des kommunistischen
Roten Frontkämpferbundes abtrans-
portiert. Eine Reichsexekution ist
am 6. November 1923 auch gegen
Thüringen ausgerufen worden,
um die dort entstandene linke
Koalitionsregierung aus SPD und
KPD abzusetzen.

So kommt es zu der bekannten Komödie im
Münchner Bürgerbräukeller am Abend des 8. November 1923. Für 20 Uhr
war dort eine Rede Gustav von Kahrs angekündigt, in der er auch etwas
über seine politischen Pläne für die nächste Zukunft sagen wollte. Hitler
hat daraus vermutlich den Schluß gezogen, daß Kahr einen Staatsstreich,
womöglich die Restauration der Wittelsbacher Monarchie ankündigen
wollte. Doch Kahr hält nur einen langweiligen Vortrag über die Gefahren
des Marxismus. Das Datum hatte er sich ausgesucht, weil sich am nächsten Tag der 9. November 1918 zum fünften Male jährte. Minister und hohe
Beamte, Militärs und Wirtschaftsführer von Rang und Namen hören ihm

Stammtischgesellschaft, Essen, Mitte der zwanziger Jahre. Hier ist man vaterländisch gesinnt. In der Großstadt Essen, noch mehr aber in ländlichen Regionen und Kleinstädten ist die Zugehörigkeit zu einem Stammtisch an einen höheren Sozialstatus gebunden. Ein typischer Stammtisch bis weit in die zweite Hälfte des 20. Jahrhunderts setzt sich vor allem aus örtlichen Honoratioren wie dem Bürgermeister, dem Pfarrer oder Pastor, Arzt, Apotheker, dem Schulrektor, Groß- und Landhändler oder Großbauern zusammen.

dabei geduldig zu, unter ihnen der Historiker Karl Alexander von Müller, der später darüber berichten wird, was sich plötzlich kurz vor 21 Uhr im Saal abspielt.

Draußen ist Hitler, mit unvermeidlichem Trenchcoat, in einem roten Mercedes vorgefahren, gefolgt von mehreren Lastwagen mit Görings SA-Männern, die sofort das Gebäude umstellen, während Göring, wie der Hitler-Vertraute »Putzi« Hanfstaengl sich später erinnern wird, mit seinen gesammelten Orden »wie Wallenstein auf dem Kriegspfad« und 25 Braunhemden mit Pistolen und automatischen Waffen im Gefolge den Saal betritt. Ihm folgt Hitler. »Plötzlich sah ich«, berichtet Karl Alexander von Müller, »schon ganz nah vor mir, im Haupteingang, gegen das Podium zu einbiegend, Adolf Hitler, bleich, die dunkle Haarsträhne ins Gesicht hereinhängend, rechts und links von ihm ein Sturmtruppler mit roter Armbinde, Pistolen in den erhobenen Händen. (...) Er stieg, links seitwärts von mir, vielleicht zehn Schritte vor Kahr, auf einen Stuhl und gab dem Begleiter zu seiner Rechten ein Zeichen. Ein Schuß krachte, man sah das Loch, das die Kugel in die Saaldecke riß. ›Die deutsche Revolution ist ausgebrochen!‹ rief Hitler in die Stille. ›Der Saal ist umstellt.‹« Die bayerische Regierung sei gestürzt, so Hitler mit der Pistole

Elisabeth Bergner:
»So jung. So schön. So hold.«

1923 übertrifft die Begeisterung für die junge Theaterschauspielerin Elisabeth Bergner sogar den Ruhm des Operettenstars Fritzi Massary, der das mondäne Berlin lange Jahre zu Füßen lag. Die androgyne Schönheit der Bergner fasziniert jetzt mehr als die feminine, leicht frivole Eleganz der Massary. Sie wird zum modischen Idol für Tausende.

Die als Elisabeth Ettel im August 1897 in einer galizischen Kleinstadt geborene Bergner erobert das Berliner Publikum 1923 in Max Reinhardts Inszenierung von »Wie es euch gefällt.« Kurt Tucholsky ist begeistert: »Bergner! Bergner! rief die Galerie. Und wir, die wir dabei waren, nuckelten mit dem Kopf und segneten sie und wünschten ihr alles Gute. Betend, daß Gott sie erhalte, so jung, so schön, so hold. Und daß der Film ihr fern bleibe …«

Elisabeth Bergner in dem Film »Liebe« von 1926, die Verfilmung einer Balzac-Novelle der Berliner Phoebus-Film AG. Sie heißt eigentlich Elisabeth Ettel und wird 1897 im österreichisch-ungarischen Galizien als Kind jüdischer Eltern geboren. Sie wächst in Wien auf und studiert nach kurzer Schulzeit in den Jahren 1911 und 1912 an einer privaten Schauspielschule, dann bis 1915 am Wiener Konservatorium. 1921 gastiert sie erstmals in Berlin. 1923 gelingt ihr als Rosalinde in Max Reinhardts Inszenierung von »Wie es euch gefällt« ein triumphaler Erfolg.

In den folgenden Jahren arbeitet sie ausschließlich mit dem Regisseur Paul Czinner, den sie 1933 heiraten wird. Es entstehen Filme wie »Der Geiger von Florenz« und ihr größter Stummfilmerfolg, »Fräulein Else« – nach Arthur Schnitzlers Novelle –, sowie die Tonfilme »Ariane« und »Der träumende Mund«. Nach der »Machtergreifung« der Nationalsozialisten geht die jüdische Schauspielerin mit den großen dunklen Augen zusammen mit ihrem Mann zuerst ins englische, dann ins amerikanische Exil. Der Film »Escape Me Never – Verlaß mich nie wieder«, 1935 in England produziert, bringt ihr eine Oscar-Nominierung als beste Hauptdarstellerin ein.

1954 kehrt sie nach Deutschland zurück und arbeitet auf der Bühne, beim Film und im Fernsehen. Sie bleibt erfolgreich, gewinnt den Bundesfilmpreis (1963), den Ernst-Lubitsch-Preis (1979) und das Filmband in Gold (1985). Elisabeth Bergner stirbt am 12. Mai 1986 in London.

Erich Ludendorff schreitet die Front einer SA-Abteilung ab. Die Aufnahme wird auf das Jahr 1923 vor dem Hitler-Ludendorff-Putsch datiert. 1928 wird es zwischen Hitlers NSDAP und Ludendorff zum Bruch kommen. Der Weltkriegsheld, stark beeinflußt von esoterischen Verschwörungstheorien, wird in lichten Momenten prophezeien, daß Hitler Deutschlands Weg in den Abgrund bedeutet.

in der erhobenen Hand, und eine provisorische Reichsregierung werde gebildet. Ein Hauch von Chicago weht durch den Saal.

Dann fordert Hitler Kahr, Lossow und Seißer auf, ihm in ein Nebenzimmer zu folgen, und teilt ihnen mit, er selbst trete an die Spitze der neuen Reichsregierung, Kahr werde zum Landesverweser und Ludendorff zum Chef einer neuen »nationalen Armee« ernannt, in die auch die Kampfverbände integriert werden sollten.

Erich Ludendorff war bei dieser Aktion anfangs nicht zu sehen gewesen, als wollte er zunächst einmal abwarten, wie sich die Dinge entwickeln würden. Doch dann taucht auch er plötzlich auf, er wird mit frenetischen Heilrufen im Saal empfangen und gibt bekannt, daß er für die neue Aufgabe zur Verfügung stehe. Gemeinsam mit Hitler versucht er nun, Kahr, Lossow und Seißer zu überreden, bis sie schließlich, zuletzt Kahr, ihre Zustimmung geben und in den Saal zurückkehren, wo sie begeistert empfangen werden. Kahr erklärt, daß er sich als »Statthalter der Monarchie« begreife, ähnlich wie in Ungarn der habsburgische »Reichsverweser« Miklós Horthy. Ludendorff ist von der »Größe des Augenblicks« ergriffen und verspricht, »der alten schwarz-weiß-roten

Kokarde die Ehre wiederzugeben, die ihr die Revolution genommen hat«, während Hitler dem Publikum seinen Schwur von Pasewalk mitteilt, »nicht zu ruhen und zu rasten, bis die Novemberverbrecher zu Boden geworfen sind«. Das alles paßte nur schwer zusammen.

Was man von Hitler im Erfolgsfall zu erwarten hatte, konnte man allerdings schon in dieser Nacht erfahren. Im Bürgerbräukeller waren Görings SA-Leute während ihrer Paßkontrollen schnell dazu übergegangen, Mitglieder der bayerischen Landesregierung und jüdische Veranstaltungsteilnehmer als Geiseln zu verhaften, wenn sie sie identifizieren konnten, und Hauptmann Max Müller vom »Bund Oberland« sollte auf Anweisung Hitlers mit seinen Leuten verhindern, daß die Juden nach dem Putsch aus der Stadt fliehen würden. Sie durchkämmten die Straßen und verhaften dabei tatsächlich einige Münchner Juden im Namen des neuen Reichs. Andere SA-Schlägertrupps verwüsten das Verlagsgebäude der sozialdemokratischen *Münchner Post* und die Wohnung ihres Herausgebers Erhard Auer.

Doch Kahr, Lossow und Seißer, die Ludendorff ihr Ehrenwort als Offiziere gegeben hatten und daraufhin den Bürgerbräukeller als freie Männer verlassen konnten, waren nachts um 3 Uhr bereits damit beschäftigt, an alle deutschen Funkstationen den Spruch auszugeben, sie seien unter Androhung von Gewalt zu ihren Äußerungen gezwungen worden. In Wirklichkeit lehnten sie den Putsch Hitlers ab. Was immer sie zu dieser ziemlich lange überlegten Entscheidung bewogen haben mag – die Ablehnung des Führungsanspruchs von Adolf Hitler, der erst am Anfang seiner verhängnisvollen politischen Karriere stand, dürfte einer der entscheidenden Gründe dafür gewesen sein.

Ein anderer war vielleicht, daß es in Stresemanns Reichskabinett seit dem 2. November nach dem Auszug der sozialdemokratischen Minister keine »Marxisten« mehr gab. Noch am späten Abend des 8. November hatte zudem Friedrich Ebert dem Chef der Heeresleitung, Hans von Seeckt, die Ausübung der vollziehenden Gewalt im gesamten Reich übertragen, womit er paradoxerweise, wie Heinrich August Winkler bemerkt hat, unvermittelt zum »verfassungsmäßigen Schützer Stresemanns« geworden war. Ein Angriff auf die Reichsgewalt war seit diesen späten Abendstunden auch ein Angriff auf die persönliche Autorität von Seeckts, ein Schritt, den wohl weder Kahr noch Lossow und Seißer letztendlich wagen wollten.

Einer will es doch. Es ist Erich Ludendorff, der am Morgen des 9. November gegenüber dem anfangs skeptischen Hitler den Satz prägt: »Wir marschieren!« Während überall in München Reichswehr und Polizei Stellung beziehen und mit der Wiedereroberung des von Ernst Röhm besetzten Kriegsministeriums beginnen, sind 2000 Nationalsozialisten vom Bürgerbräukeller aus unterwegs ins Regierungsviertel – Hitler, Göring, Luden-

Ernst Thälmann:
Ein populärer Kommunist

Nach dem Vorbild der russischen Oktoberrevolution von 1917 wollen die Kommunisten im Oktober 1923 die Macht in Deutschland an sich reißen. KPD und linke Sozialdemokraten beginnen in Sachsen und Thüringen mit der Aufstellung paramilitärischer Kampfverbände. Aber nur in Hamburg kommt es zu einem aussichtslosen Aufstand einiger hundert Radikaler, der 24 Kommunisten und 17 Polizisten das Leben kostet. Einer der führenden Köpfe auf seiten der Aufständischen ist der Hamburger Kommunist Ernst Thälmann.

Ernst Thälmann als Wahlkampfredner 1925. Bevor er im Februar des Jahres zum KPD-Vorsitzenden gewählt wird, hat die Führung der KPD regelmäßig gewechselt. In den Jahren 1921 bis 1923 ist Heinrich Brandler einer der Vorsitzenden der KPD. Er wird von den nachfolgenden Parteiführern Ruth Fischer und Arthur Rosenberg als rechter Versöhnler gebrandmarkt und abgesetzt. 1928 spaltet sich unter seiner Führung eine KPD-Opposition (KPO) von der Partei ab, nur ein Beispiel für die vielen Abspaltungen aus den Arbeiterparteien in jenen Jahren. Ein anderer Parteiführer der Gründerjahre, Paul Levi, ist nach Kritik am moskauhörigen Kurs aus der Partei ausgeschlossen worden. 1922 findet Levi den Weg zurück in die SPD und wird zur Leitfigur ihres linken Parteiflügels.

Ernst Thälmann wird am 16. April 1886 in Hamburg als Sohn eines Wirtes geboren. Er ist ein aufgeweckter Schüler, aber das Geld der Familie reicht nicht für ein Studium. So sucht sich Thälmann Arbeit im Hamburger Hafen, heuert als Heizer auf Frachtschiffen an und wird 1903 Mitglied der SPD. In der Partei engagiert er sich vor allem für die Interessen der Hafenarbeiter. Der Streit über die Zustimmung zu den Kriegskrediten führt 1917 zum Bruch und zur Abspaltung der Unabhängigen Sozialisten von der Mutterpartei. Thälmann teilt die Antikriegs-Position der USPD und tritt in die neue Organisation ein. 1919 gewinnt Thälmann nahezu die komplette Ortsgruppe für den Übertritt in die KPD, in deren Zentralausschuß er 1920 gewählt wird. Im Mai 1924 zieht er als Abgeordneter der KPD in den Reichstag ein. Im folgenden Jahr wird er Vorsitzender der Partei; 1925 und 1932 kandidiert er erfolglos für das Amt des Reichspräsidenten.

Am 3. März 1933 wird Thälmann nach dem Reichstagsbrand festgenommen und in Berlin inhaftiert. Während der folgenden elf Jahre sitzt er, ohne daß ihm jemals der Prozeß gemacht wird, in Hannover und Bautzen in »Schutzhaft«. Am 17. August 1944 läßt ihn Hitler in das KZ Buchenwald verlegen, wo er einen Tag später erschossen wird.

dorff und andere führende Köpfe in der ersten Reihe. An der Feldherrnhalle fallen plötzlich Schüsse, wobei bis heute nicht geklärt ist, wer den ersten Schuß abgegeben hat. Hitler taumelt zu Boden und verrenkt sich dabei die Schulter. 13 seiner Männer werden erschossen. Ludendorff, der während der Schießerei unbeirrt seinen Marsch fortgesetzt hatte, wird am Odeonsplatz von einem Polizeileutnant gestellt und respektvoll in Schutzhaft genommen. Am 11. November gelingt es, am Staffelsee den flüchtigen Hitler im Schlafanzug zu verhaften. Er wird in die Festung Landsberg gebracht. Das »neue Novemberverbrechen«, das die Berliner *Vossische Zeitung* am Morgen des 9. November 1923 meldet, endet für ihn mit einer vollständigen Niederlage und dem reichsweiten Verbot der NSDAP. Auch die Tage von Kahrs und Lossows sind nun gezählt.

»Wir sind jetzt erst eigentlich in die Liquidation des verlorenen Krieges eingetreten. Wir haben uns jahrelang über die Folgen des verlorenen Krieges getäuscht«, kann Gustav Stresemann nach hundert Tagen seiner sehr anstrengenden und risikoreichen, aber auch sehr erfolgreichen Amtszeit als Reichskanzler am 22. November vor dem Reichstag sagen. »Nicht Restauration oder Gegenrevolution, sondern Evolution und Zusammenführung, das müssen die Grundgedanken der großen Richtlinien der Politik sein.« Am 15. November war die neue Währung, wie geplant, in Umlauf gebracht worden, und zusammen mit der jetzt gelungenen innenpolitischen Befriedung konnte man nun endlich auf Jahre des stabilen Aufschwungs hoffen.

Doch an diesem 22. November kommen auch die Vorgänge in Sachsen und Thüringen sowie in Bayern im Reichstag noch einmal zur Sprache. Nach einem von der SPD-Fraktion eingebrachten Mißtrauensvotum wegen der angeblichen Untätigkeit Stresemanns in Bayern muß der Reichskanzler am 23. November zurücktreten, als erster Kanzler, der in »offener Feldschlacht« fiel, wie er ausländischen Journalisten anschließend stolz mitteilt. Stresemann jedoch wird auch in Zukunft der Ansicht bleiben, daß eine Zusammenarbeit mit den Sozialdemokraten für die Stabilität der Republik unerläßlich sei. Harte Kritik ernten sie indes von ihrem ehemaligen Vorsitzenden Friedrich Ebert. »Was euch veranlaßt, den Kanzler zu stürzen, ist in sechs Wochen vergessen«, so der sozialdemokratische Reichspräsident, »aber die Folgen eurer Dummheit werdet ihr noch zehn Jahre lang spüren.«

Im neuen Kabinett des Zentrumspolitikers Wilhelm Marx ist Stresemann allerdings wieder als Außenminister vertreten. Er kann nun, nachdem die Existenzkrise der Republik überstanden ist, sein großes konstruktives Werk in Angriff nehmen, an das man sich später als die eigentliche »Ära Stresemann« erinnern wird: die Reintegration Deutschlands in die

internationale Gemeinschaft als Mittel zu einer friedlichen Revision der Versailler Verträge. Dazu, sagt er am 6. März 1924 im Reichstag, müsse man zunächst einmal bei den Siegerstaaten Verständnis dafür finden, »daß die bisher gegen Deutschland gerichtete Politik nicht nur Deutschland zugrunde richtet, sondern Europa und die ganze Weltwirtschaft, vielleicht die ganze Weltpolitik«. Daß dieses Signal angekommen ist, davon zeugt das Gutachten des von dem amerikanischen Bankier Charles G. Dawes geleiteten Ausschusses der alliierten Reparationskommission schon Anfang April. In dem Gutachten ist unter anderem eine Auslandsanleihe von 800 Millionen Dollar zur Finanzierung einer neu zu gründenden Notenbank und zur Stabilisierung der Währung vorgesehen.

Im Februar waren auch von Kahr und Lossow in Bayern endgültig abgetreten, und am Ende dieses Monats hatte Friedrich Ebert den militärischen Ausnahmezustand im Reich aufgehoben. Im Juli wird in London die Räumung der von den Franzosen und Belgiern besetzten Gebiete innerhalb eines Jahres vereinbart, nach den Worten des britischen Premierministers Ramsay MacDonald die »erste wirklich vereinbarte Übereinkunft seit dem Krieg«. Ende August stimmt der Reichstag dem Dawes-Plan zu.

Erstmals ist nun die Höhe der Reparationszahlungen an die Deutschland wirklich zur Verfügung stehenden wirtschaftlichen Möglichkeiten gebunden. Das Wichtigste ist jedoch, daß Deutschland langsam wieder internationales

Mitglieder des Artistenclubs Worms vor der Rheinbrücke, 1923. Der Club wurde 1910 gegründet, in einer Zeit, als der Zirkus und das Varieté ihre große Blüte haben. Sie reizen Amateure zur sportlichen Nachahmung, denen das Turnen zu bieder ist.

Linke Seite: Die traditionelle Geißbockversteigerung vor dem Rathaus im vorderpfälzischen Deidesheim. Den Geißbock muß traditionell die benachbarte Kleinstadt Lambrecht im Austausch für Weiderechte liefern. Er wird zum Wohle der Stadt Deidesheim öffentlich versteigert.

Vertrauen gewinnt. Sichtbarstes Zeichen dafür sind die mehr als drei Milliarden Dollar amerikanisches Kapital, die in den nächsten fünf Jahren ins Land fließen, doppelt so viel wie während des Marshallplans nach 1945. Die Deutschen beginnen, hoffnungsvoll von einer Atlantikbrücke zu träumen. Ausdruck dieses neuen, Amerika zugewandten Optimismus ist unter anderem auch der begeisterte Empfang, den das Berliner Publikum im Dawes-Jahr 1924 Duke Ellingtons Jazzrevue *Chocolate Kiddies* im Admiralspalast auf ihrer ersten großen Auslandstournee bereitet.

DIE GUTEN JAHRE

Hoppla, wir leben

Es beginnt die »gute Zeit« von Weimar. Mehr als ein Jahrzehnt »verlorener Jahre« liegen hinter den Deutschen, als 1927 die industrielle Produktion, zu einem erheblichen Teil durch ausländische Investitionen, endlich wieder den Umfang von 1913 erreicht. »Nichts war auch nur einigermaßen auf Höchstleistung gestellt«, läßt Lion Feuchtwanger in diesen Tagen den Geschäftsmann B.W. Smith aus Amerika über die Berliner sagen: »Immerhin hatten sie Pep, insofern waren sie richtig. Für den verkommenen Erdteil ist das schon allerhand.« Durch die Kapitalströme aus dem Ausland, insbesondere aus den USA, sind die Deutschen jetzt in der Lage, ihre Reparationsschulden zu bezahlen, was es Frankreich und England ermöglicht, ihrerseits ihre Kriegsanleihen von jenseits des Atlantiks zu begleichen, von wo das Geld in der Form von Krediten wieder nach Deutschland zurückfließen kann. Bald werden Siemens und die AEG ihre Weltmarktpositionen zurückgewinnen, die sie bereits vor 1914 eingenommen hatten. Rationalisierung ist das große Schlagwort. Als erstes deutsches Werk setzt NSU im Motorradbau das Fließband ein. 1926 entsteht in Stuttgart die Daimler-Benz AG. Die Zahl der Autos auf deutschen Straßen steigt sprunghaft an, zwischen 1922 und 1928 von 125 000 auf 470 000. Amerikanisches Design bestimmt zunehmend das Bild der immer formschöner gestalteten Karosserien, nicht nur bei Spitzenprodukten wie dem Achtzylinder von Horch, der zudem mit Accessoires wie einem Zigarrenanzünder, Uhr und Necessairekasten ausgestattet ist.

1925 zündet die erste Flüssigkeitsrakete, 1928 beschleunigt Fritz von Opel ein von Pulverraketen angetriebenes Fahrzeug in acht Sekunden von 0 auf 100 Stundenkilometer. Der *Fliegende Hamburger* wird bald die 288 Kilometer lange Eisenbahnstrecke Berlin–Hamburg in 141 Minuten zurücklegen können. Das Luftschiff *Graf Zeppelin* umrundet die Erde, Junkers baut mit dem Typ G 38 das größte Flugzeug der Welt und Dornier wenig später das größte Flugboot,

Linke Seite: Verkehrskontrolle in Essen, um 1928. In den Jahren zwischen 1924 und 1932 erhöht sich die Zahl der PKWs von rund 132 000 auf fast 500 000. Im selben Zeitraum steigt die Anzahl der LKWs im Deutschen Reich auf über 150 000. Die Deutschen haben sich in den kurzen »goldenen« zwanziger Jahren endlich etwas von Krieg und Nachkrieg erholt.

Die Deutsche Luft Hansa

Nach dem Ersten Weltkrieg liefern sich fast 30 Luftfahrtunternehmen einen ruinösen Preiskampf. Bis Mitte der zwanziger Jahre halten nur die Deutsche Aero Lloyd AG und die Junkers Luftverkehr AG durch. Die Reichsregierung ist aber nicht mehr bereit, zwei konkurrierende und hochverschuldete Gesellschaften zu subventionieren. Sie drängt mit Erfolg zur Fusion: Am 6. Januar 1926 treffen sich im vornehmen Berliner »Hotel Kaiserhof« Politiker, Bankiers und Industrielle und entkorken die Sektflaschen zu Ehren des neuen Unternehmens Deutsche Luft Hansa. Die neugegründete Luft Hansa besitzt 162 Flugzeuge. Viele davon sind Restbestände aus dem Ersten Weltkrieg. Zum Firmensignet – einem aufsteigenden Kranich in Blau und Gelb – tragen beide Vorgänger bei.

Das Junkers-Passagierflugzeug G 24 wird ab 1924 gebaut und später auch von der Luft Hansa geflogen. Der Flugzeugbauer Hugo Junkers umgeht die für Deutschland geltenden Baubeschränkungen aus dem Versailler Vertrag, indem er Januar 1925 im südschwedischen Limhamn ein Flugzeugwerk gründet. Die Junkers-Flugzeuge dieser Jahre sind mit Wellblech beplankt. Das Wellblech besitzt große Eigensteifigkeit und erfordert so nur wenig innere Stützelemente.

Der Kranich war das Emblem der Deutschen Aero Lloyd, die Farben Blau und Gelb standen bisher für Junkers. Am 6. April 1926 startet die erste Maschine der Luft Hansa vom Heimatflughafen Berlin-Tempelhof. Es ist eine Fokker-Grulich F II mit vier Passagieren und dem Ziel Zürich. Schon drei Monate später fliegt die neue Gesellschaft 57 deutsche und 15 ausländische Destinationen an, darunter Venedig und Rom, Wien, Oslo und London. Die Fluggäste nehmen die Linie an. Bis zum Jahresende befördert sie 56 268 Passagiere an ihre Zielorte.

mit dem bald die Ära transatlantischer Flugdienste beginnt. 1926 entsteht die Deutsche Luft Hansa AG mit Sitz in Berlin-Tempelhof.

Es ist die Zeit des Bauhauses und des Kinobooms. Bereits 1922 haben deutsche Ingenieure die notwendigen Geräte für den Tonfilm entwickelt, 1926 kommen die ersten Selbstwähltelefone ohne zwischengeschaltete Vermittlung durch das Amt zum Einsatz, die Ära des Rundfunks beginnt, und 1928 kann Telefunken auf der Deutschen Funkausstellung in Berlin als Hauptattraktion der Technikmesse die erste öffentliche Vorführung von Fernsehbildern präsentieren. Höhensonnen und UV-Strahlen werden in der Medizin vor allem bei der Behandlung von Rachitis immer häufiger eingesetzt. 1924 entdeckt der Jenenser Psychiater Hans Berger eine Methode zur Aufzeichnung von Hirnströmen. Der spätere Nobelpreisträger Otto Heinrich Warburg entschlüsselt 1926 in der Berliner Charité den Stoffwechsel in Tumoren, und Ernst Ruska operiert mit einem Elektronenmikroskop, das durch eine zwölftausendfache Vergrößerung von Organismen

Links: Um 1925 kommen die ersten elektrischen Waschmaschinen von Siemens unter dem Namen Protos auf den Markt. 1928 präsentiert das Unternehmen eine Trommelwaschmaschine, die sowohl waschen als auch schleudern kann.

Rechts: Am 29. Oktober 1923 beginnt in Deutschland die Geschichte des Rundfunks, als im Vox-Haus im Berliner Tiergarten der regelmäßige Hörfunk-Sendebetrieb aufgenommen wird. Am 1. Januar 1928 gibt es im Deutschen Reich bereits mehr als zwei Millionen Rundfunkteilnehmer.

Karnevalsgesellschaft Essen, in den goldenen Jahren der Republik. In den guten Zeiten von Weimar entsteht die moderne Freizeitgesellschaft. Plötzlich gibt es in den Varietés überall Revuen, bei denen oft nackte Damen auf die Bühne schweben.

der Medizin wichtige neue Erkenntnisse zuführt. Auf den oberen Ebenen der Wirtschaft wird durch die Bildung von Konzernen und Kartellen rationalisiert. 1925 entsteht durch die Fusion von BASF, Bayer, Hoechst und Agfa mit der IG Farben der umsatzstärkste deutsche Konzern, ein Jahr später mit der Vereinigten Stahlwerke AG das zweitgrößte Montanunternehmen der Welt. Tietz, Wertheim und Karstadt, Gründungen der wilhelminischen Zeit, entwickeln sich rasch zu großen Kaufhausketten.

Die Exportindustrie erlebt einen steilen Aufstieg, doch die Binnenmarktkonjunktur hält bei weitem nicht Schritt mit dem Wachstum. Selbst im besten Jahr, 1927, liegen die Arbeitslosenzahlen immer noch weit höher als in den schlechtesten Zeiten vor dem Krieg. Vor allem aber ist die Landwirtschaft, die zu den großen Profiteuren der Inflation gehörte und nach wie vor ein verläßliches Reservoir deutschnationaler Gesinnung bildet, durch die seit 1924 einsetzende Überflutung des Markts mit billigen Agrarprodukten aus Amerika und Australien in eine schwere Krise geraten. Hinzu kommt die Kreditabhängigkeit der deutschen Wirtschaft. »Wenn einmal eine Krise bei uns kommt und die Amerikaner ihre kurzfristigen Kredite abrufen«, warnt Gustav Stresemann auf einer Pressekon-

Die Adam Opel GmbH:
Von Blitzrädern und Laubfröschen

Zu Beginn der Weimarer Republik floriert bei Opel zunächst nur das Fahrradgeschäft. Vor allem das Modell »Blitzrad« findet so viele Käufer, daß die Adam Opel GmbH bald als größte Fahrradfabrik der Welt gilt. Zweites Standbein der Rüsselsheimer ist die Produktion von Motorrädern mit »Luftkissen-Sattel« und Integralbremse. Nur Automobile laufen schlecht. Vom Modell »Opel 8/25 PS« werden gerade einmal 724 Fahrzeuge hergestellt. Danach klettern die Fahrzeugpreise mit der Inflation ins Unermeßliche.

Marlene Dietrich in einem Opel-Laubfrosch-Cabriolet im Jahr 1928. Der Wagen wird von vielen Zeitgenossen als ein Plagiat des französischen Citroën 5CV angesehen. In von Citroën angestrengten Prozessen wird der Plagiatsvorwurf wegen einer anderen Form des Kühlergrills zurückgewiesen. Die auffälligste Unterscheidung beider Wagen aber bleibt die grüne Lackierung des »Laubfroschs«. Da Citroën alle 5CV nur in Zitronengelb ausliefert, schafft der Berliner Volksmund die Redewendung »detselbe in jrün«.

Kurz nach der Währungsumstellung 1923 investiert Opel eine Million Mark in die Modernisierung der Automobilfertigung und führt als erster deutscher Hersteller die Fließbandtechnik ein. Das erste Modell ist der legendäre »Laubfrosch« mit der offiziellen Bezeichnung »Opel 4/12 PS«. Das Modell mit vier Zylindern und einer Höchstgeschwindigkeit von 60 km/h verdankt seinen Namen dem grünen Anstrich – in einer anderen Farbe ist das Modell leider nicht lieferbar.

Dank des neuen Produktionsverfahrens sinkt der Verkaufspreis von ursprünglich 4500 Mark bis auf 1990 Mark im Jahr 1926. Zwei Jahre später ist Opel mit einem Marktanteil von 37,5 Prozent der größte deutsche Automobilhersteller.

Ein halbes Jahr vor Beginn der Weltwirtschaftskrise verkaufen Wilhelm von Opel und sein Bruder Fritz ihre Anteile an dem in eine Aktiengesellschaft umgewandelten Unternehmen an den Automobilkonzern General Motors. Die Amerikaner interessieren sich wegen der hohen Einfuhrzölle schon lange für einen Produktionsstandort in Deutschland und garantieren, den Namen Opel und eine eigenständige Modellpolitik beizubehalten. Gerade noch rechtzeitig vor der Weltwirtschaftskrise hat das Unternehmen einen zahlungskräftigen Investor gefunden.

Claire Waldoff: Die Königin des Kabaretts

Die Londoner Times *schreibt in den zwanziger Jahren über sie: »Wer Berlin kennenlernen will, muß das Brandenburger Tor, eine Reinhardt-Inszenierung und die Waldoff sehen.« Sie ist ein Phänomen: Ihr Hinterhoftonfall rührt und begeistert Intellektuelle ebenso wie den Mann von der Straße. Rollkutscher und Dienstboten, Arbeiter von der AEG, die »uff Strom« arbeiten, Ladenmädchen von Tietz und Wertheim, sie alle stehen Schlange, um die Show der Waldoff zu sehen.*

Autoren wie Kurt Tucholsky schreiben für sie, und ihre Lieder wie »Wer schmeißt denn da mit Lehm« kennt jedes Kind. Mit ihrer unverkennbaren Stimme und ihrer Berliner Schnauze trifft sie den Jargon der Zeit. Rauchend und fluchend, im Frack und mit rotem Bubikopf trägt sie Gassenhauer, Schlager und Chansons vor, die vom Alltagsleben und der Liebe der kleinen Leute erzählen. Wenn sie ihr Lied über den liebestollen Erpel »Schmackeduzchen« singt, tanzt das Publikum auf den Tischen.

Als kurz vor der »Machtergreifung« der Nationalsozialisten eine Abteilung SA den Vortrag der Waldoff mit dem Sprechchor stört: »Deutsche Männer und Frauen, wollt ihr das hören?« brüllt sie mit gleicher Lautstärke zurück: »Natürlich wollen die das hören, deswegen sind sie ja hergekommen.« Ihrem berühmtesten Lied »Hermann heeßt er« dichtet der Volksmund schnell eine zusätzliche Strophe »zu Ehren« des preußischen Ministerpräsidenten Hermann Göring an: »Rechts Lametta, links Lametta und der Bauch wird immer fetta und in Preußen ist er Meester – Hermann heeßt er!« Selbst ihr Liebesleben – sie verheimlicht nie ihre Beziehung zu Olga Freifrau von Roeder – ist unkonventionell.

Nach dem Krieg kann Claire Waldoff nicht mehr an die früheren Erfolge anknüpfen. Am 22. Januar 1957 stirbt sie in Bad Reichenhall. In ihren Räumen hängen Bilder von Käthe Kollwitz und Joachim Ringelnatz, mit dem sie befreundet war.

ferenz im November 1928, »dann ist der Bankrott da.« Die »guten Jahre« der Ära Stresemann stehen auf tönernen Füßen.

So sieht es auch das Publikum, das am 1. September 1927 der Uraufführung von Ernst Tollers Stück *Hoppla, wir leben!* in den Hamburger Kammerspielen applaudiert. »So dreht euch weiter im Karussell, tanzt, lacht, weint, begattet euch – viel Glück! Ich springe ab«, ruft dort der Hauptdarsteller, ein ehemaliger Revolutionär von 1918/19, vor seinem Selbstmord ins Publikum: »O Irrsinn der Welt!« Er gibt damit einer Enttäuschung Ausdruck, die sich schon früh besonders unter linken Intellektuellen breitge-

Die Schauspielerin Lotte Lenya und ihr Ehemann, der Komponist Kurt Weill, in einem Porträt von Lotte Jacobi. Die in Westpreußen geborene jüdische Fotografin lichtet vor allem die Berliner Künstler und die Kunstszene der Jahre ab. Ihre Bilder erscheinen in großen Magazinen der Zeit, der »Berliner Illustrierten Zeitung« oder in der »Münchner Illustrierten Presse«.

macht hat. »Die wirkliche Gefahr in Deutschland ist der interfraktionelle Stresemann-Typus«, schreibt Kurt Tucholsky im gleichen Jahr 1927 in der *Weltbühne*, die nicht als einziges Organ eine linke Variante der Dolchstoßlegende kultiviert, nach der, so Tucholsky in einer *Weltbühne*-Debatte mit Hellmuth von Gerlach und Otto Flake 1925, besonders der Reichspräsident Friedrich Ebert für nichts anderes steht als für den »Verrat an der Arbeiterklasse und an der Idee der Revolution«. Er, Tucholsky, gehöre jedenfalls zu denjenigen, die aus guten Gründen »die verfassungsmäßige Demokratie für eine Fassade und für eine Lüge halten, und die auch heute noch, entgegen allen Zusicherungen und optimistischen Anwandlungen, einen hohlen Stahlhelm für lange nicht so gefährlich halten wie einen seidigen Zylinder«. Das sind eigenartige Töne, aber sie sind leider kerndeutsch und haben mehr mit der tiefen wilhelminischen Überheblichkeit gegenüber oberflächlich geschäftiger westlicher »Zivilisation« im Gegensatz zur angeblichen Tiefe deutscher »Kultur« zu tun, als Tucholsky und vielen anderen linken Kritikern der »Republik des faulen Kompromisses« vermutlich je bewußt werden sollte.

Dennoch sind die »guten Jahre« der Weimarer Republik, wie der Kritiker Alfred Kerr einmal enthusiastisch ausgerufen hat, so etwas wie ein

Alban Berg: Der arme Soldat Wozzeck

Alban Berg sieht Georg Büchners Fragment »Woyzeck« im Frühjahr 1914. Der Schönberg-Schüler ist tief beeindruckt. Er will das Stück über den armen Soldaten und seine Marie »in Musik fassen«. Es wird ein langer Weg. Nicht einmal sein Lehrer ist von Bergs Vorhaben überzeugt. Für Arnold Schönberg ist Büchners Drama »von so außerordentlicher Tragik, daß es Musik ausschließt«, und überhaupt solle sich Musik »eher mit Engeln als mit Dienstboten« beschäftigen. Berg ist von seiner Idee jedoch nicht abzubringen.

Im Krieg wird Berg zum Militär eingezogen, und so kann er den »Wozzeck« erst sieben Jahre später vollenden. Zunächst findet sich nicht einmal ein Verleger für die sperrige atonale Oper. Mit finanzieller Hilfe von Alma Mahler veröffentlicht er sie selbst und produziert nichts als einen Berg unverkäufliches Papier. »Weißt du vielleicht jemand, der den Auszug kaufen würde?« schreibt Berg flehentlich an einen Freund. Doch drei Jahre später werden Ausschnitte des Werkes auf der Messe für Neue Musik in Frankfurt am Main erstmals gespielt. Berg kommt unter Kennern ins Gespräch, und am 14. Dezember 1925 folgt die Uraufführung in der Staatsoper Unter den Linden in Berlin. Kein geringerer als Erich Kleiber, Generalmusikdirektor des Hauses, leitet die Premiere, der 34 Orchesterproben vorausgegangen sind.

Der »Wozzeck« ist ein überwältigender Erfolg, vermutlich auch, weil Berg trotz aller Modernität seiner atonalen musikalischen Sprache immer wieder die Nähe zur Symphonik des von ihm verehrten Gustav Mahler sucht. Berg nimmt sein Publikum mit auf den Weg in eine neue Dimension des Musiktheaters. Das macht den »Wozzeck« bis heute zu einem der beliebtesten Werke der klassischen Moderne.

neues »perikleisches Zeitalter« in den Künsten. Es war, wie der Dirigent Bruno Walter in seinen Erinnerungen schreibt, »als ob alle hohen künstlerischen Kräfte noch einmal aufstrahlten und dem letzten festlichen Symposium der Geister einen vielfarbigen hohen Glanz gaben, bevor die Nacht der Barbarei hereinbrach«. Von Leopold Jessners expressionistischer Neuinszenierung des *Wilhelm Tell* 1919 mit dem Tyrannen Geßler in preußischer Heeresuniform bis zur gefeierten Uraufführung von Brechts und Weills *Dreigroschenoper* am Berliner Schiffbauerdamm erlebt das Theater eine bis dahin unbekannte Blütezeit, für die Namen wie Fritz Kortner, Max Reinhardt, Erwin Piscator und Bertolt Brecht stehen. »Es war eine raffinierte Aufführung«, erinnert sich Elias Canetti an die Premiere von

Brechts weltberühmt gewordenem Musiktheater 1928: »Die Leute jubelten *sich* zu, das waren sie selbst, und sie gefielen sich. Erst kam *ihr* Fressen, dann kam ihre Moral, besser hätte es keiner von ihnen sagen können, das nahmen sie wörtlich.« Rosa Valetti und Trude Hesterberg sind die Stars eines Kabaretts, das nicht selten literarisch anspruchsvolle Texte von Walter Mehring, Kurt Tucholsky oder Klabund bietet. Regisseure wie F. W. Murnau, G. W. Pabst, Josef von Sternberg und Schauspieler wie Asta Nielsen, Emil Jannings und Marlene Dietrich stehen für eine erste Blüte der jungen Filmkunst.

Seit 1901 kreischt, quietscht und rattert die Schwebebahn auf 13 Kilometern Länge durch das Tal der Wupper. 1929 wird die Schwebebahn Wahrzeichen einer neuen Stadt. Am 1. August werden die Großstädte Elberfeld und Barmen mit den Städten Cronenberg, Ronsdorf und Vohwinkel unter dem Namen »Barmen-Elberfeld« zur kreisfreien Stadt vereinigt. 1930 erfolgt die Umbenennung der neuen Stadt in Wuppertal.

Arnold Schönberg, Paul Hindemith, Alban Berg und Anton von Webern prägen die Musiksprache der Weimarer Moderne. In dem von Walter Gropius geleiteten Weimarer Bauhaus, das 1924 nach Dessau umziehen muß, gehören international berühmte Künstler wie Lyonel Feininger, Wassily Kandinsky, Paul Klee, Oskar Schlemmer und der Fotograf László Moholy-Nagy zum Lehrkörper. Es sind Impulse, die in die Welt ausstrahlen und Deutschland mit der Welt verbinden.

Vicki Baum ist die erfolgreichste deutsche Schriftstellerin dieser Zeit. Populär, auf den Massengeschmack hin geschrieben, wird von ihr die neue

Der Bubikopf: »Schneid' dir ab den alten Zopf!«

»Als Neuestes kam vom Ausland her der Bubenkopf zu uns ... Man schneidet ringsum die Haare ab, wie sie früher kleine Knaben trugen.« So beschreibt das Berliner Magazin Elegante Welt ihren Leserinnen 1920 einen bisher völlig unbekannten Haarschnitt, der zum Symbol für die »neue Frau« der zwanziger Jahre wird.

Die englische Tänzerin Irene Castle soll 1915 die erste Künstlerin gewesen sein, die sich einen Bubikopf schneiden läßt und anschließend über europäische Kabarettbühnen tingelt. In Paris greift die Modeschöpferin Coco Chanel den neuen Look auf, der so unerhört frech mit allen Frisurmoden bricht. Wer modern sein will, trägt jetzt Bubikopf. Die exzentrische Tänzerin Isadora Duncan ist eine der ersten, die sich das Haar kurz schneiden läßt. Die Schauspielerin Asta Nielsen tritt 1921 im »Hamlet« mit der Ponyfrisur auf. Walt Disney verpaßt im fernen Amerika seinem »Rotkäppchen« von 1922 einen Bubikopf und läßt die Frau in einer Ballonkiste mit Hundeantrieb zur Großmutter brausen.

»Schneid' dir ab den alten Zopf – schneid' dir einen Bubikopf«, heißt der fröhliche Slogan in Deutschland. Ladenmädchen und Sekretärinnen tragen den Bubikopf ebenso wie umjubelte Filmstars. Glatt oder gewellt paßt der Kurzhaarschnitt großartig zur neuen Kleidermode mit der schmalen Silhouette. »Die neue Weiblichkeit ist irgendwie männlich«, sinniert ein Feuilletonist, »aber sie sieht ungleich bezaubernder aus.« Der androgyne Haarschnitt trägt zum flirrenden Eindruck bei. Er ist jugendlich, frech, unschlagbar praktisch und sehr selbstbewußt. Kurt Tucholsky dichtet:

> »Vorgestern nacht habe ich von zwei Mädchen geträumt,
> die waren furchtbar kregel und aufgeräumt.
> Die eine hatte einen schwarzen Bubikopf und die andre einen braunen,
> und sie hatten einander so lieb, das war einfach zum Staunen.«

Zeit der Ära Stresemann vielleicht am treffsichersten geschildert. Sieben Auflagen erlebte allein ihr Roman *Stud. chem. Helene Willfüer*, der das Leben einer jungen Frau beschreibt, die trotz finanzieller Nöte und persönlicher Tragödien dennoch ihren Weg zu einer angesehenen Wissenschaftlerin findet. Es ist diese »neue Frau«, meist mit modisch kurzgeschnittenem Bubikopf, die sich nun als Leitbild durchsetzt, und die republikanisch und liberal denkende Vicki Baum ist eine ihrer bedeutendsten Prophetinnen. Das große literarische Ereignis ist jedoch der 1924 erschienene Zau-

berberg von Thomas Mann, von dem schon im ersten Jahr über 50 000 Exemplare verkauft werden. Noch einmal hat Thomas Mann in diesem voluminösen zweibändigen Werk in der Kulisse einer Davoser Lungenheilanstalt die merkwürdige Todessehnsucht wachgerufen, von der die europäische Gesellschaft – und ganz besonders

Szene beim Sonnenbad in Essen 1924, Ende der zwanziger Jahre. Die Frauen tragen die Haare kurz. Das ist pflegeleicht und praktisch am Arbeitsplatz, den sich in den guten Jahren der Weimarer Republik viele unverheiratete Frauen suchen.

die deutsche – in der Zeit vor dem Ersten Weltkrieg wie von einer schweren Krankheit heimgesucht worden war. Die alte Welt, sagt er nach dem Erscheinen des Buchs in einem Gespräch über seinen *Zauberberg*, sei irgendwie immer mit dem Tod verbunden gewesen, während die Demokratie Lebensfreundlichkeit ausstrahle. Er wenigstens hatte diesen Weg gefunden, nachdem er noch zu Beginn des Krieges in einem Essay über Friedrich den Großen von Deutschlands kultureller Mission geschwärmt und 1918 in den *Betrachtungen eines Unpolitischen* etwas überheblich geschrieben hatte: »Ich hasse die Politik und den Glauben an die Politik, weil er dünkelhaft, doktrinär, hartstirnig und unmenschlich macht.« Jetzt, mit dem *Zauberberg*, war er den gleichen Weg gegangen wie in der Politik der ehemalige Monarchist Gustav Stresemann.

Davos mit seinem *Zauberberg* wird 1929 der Ort sein, an dem sich eine historische Debatte abspielt, die auf viele wirkte wie eine Wiederholung des Streitgesprächs zwischen dem Aufklärer Settembrini und dem Jesuiten Naphta in Thomas Manns Roman. Die internationale Presse ist angereist,

Ernst Barlach:
Dramatiker und Bildhauer

Der 1870 in Wedel (Holstein) geborene Ernst Barlach ist in den zwanziger Jahren auch als expressionistischer Dramatiker auf deutschen Bühnen erfolgreich. Bereits 1912 hat er das Drama »Der Tote Tag« veröffentlicht, 1918 folgt sein dramatisches Hauptwerk »Der Arme Vetter«, zwei Jahre später »Die Echten Sedemunds«, 1922 »Der Findling«, im Jahr 1924 »Die Sündflut« und 1926 »Der Blaue Boll«.

»Draußen im Heidberg habe ich einen winterlich gepolsterten Winkel, wo ich die Abende schreibend zubringen kann, und lebe somit ein Herren- und Hans-im-Glück-Leben. Der Schein trügt, aber immerhin wird die Figur für den hiesigen Dom fertig werden, und danach verlangt mich sehr. Inzwischen – ja, es ist die Rede von einer Arbeit für Kiel ...«, schreibt der 57jährige Ernst Barlach in einem Brief im Februar 1927. Schon im folgenden Jahr wird die Großplastik »Geistkämpfer« in Kiel aufgestellt. 1929 folgt eine weitere Arbeit, das »Magdeburger Ehrenmal«, eine überlebensgroße Figurengruppe traumatisierter Soldaten, im Dom der Stadt. Das hölzerne Ensemble löst einen Sturm der Entrüstung aus. Rechte Kreise greifen Barlach wegen der fehlenden heldischen Größe seiner Figuren an.

Den Entwurf einer Pietà für Stralsund kann Barlach 1932 wegen Anfeindungen aus NS-Kreisen nicht mehr vollenden. Auch die für die Westfassade der Lübecker Katharinenkirche in Auftrag gegebene »Gemeinschaft der Heiligen«, ein Fries von zwölf Figuren, ist plötzlich »vom Volk nicht mehr erwünscht«. Die Rufmordkampagne führt 1934 zur Magazinierung des Ehrenmals in Magdeburg, 1937 zur Demontage des Kieler »Geistkämpfers«. Im selben Jahr belegt ihn die Reichskammer der Bildenden Künste mit einem Ausstellungsverbot. Der letzte Schlag folgt 1938 mit dem erzwungenen Austritt aus der Preußischen Akademie der Künste.

Tief verstört muß Barlach erleben, wie fast als seiner Werke als »entartete Kunst« aus öffentlichen Sammlungen entfernt werden. Am 24. Oktober 1938 stirbt er in Rostock an einem Herzinfarkt.

um hier die beiden bekanntesten deutschen Philosophen, Ernst Cassirer und Martin Heidegger, mit- oder besser gegeneinander debattieren zu hören. Cassirer, ein Neukantianer, hatte immer großen Wert darauf gelegt, daß »die Idee der republikanischen Verfassung als solche im ganzen der deutschen Geistesgeschichte keineswegs ein Fremdling« sei, und dies mit geistesgeschichtlichen Verweisen auf Leibniz, Christian Wolff, Immanuel Kant und andere untermauert. Heidegger, Verfasser des 1927 erschienenen existenzphilosophischen Werks *Sein und Zeit,* war dagegen der Ansicht, daß sich der Mensch in der Republik, einer Welt der Herrschaft des »Man«, in einer »Umsturzsituation« befinde. So vordergründig politisch wird zwar in Davos nicht debattiert, doch ist allen Anwesenden bewußt, daß hier zwei deutsche Welten aufeinanderprallen. Heidegger wird sich mit seiner berüchtigten Freiburger Rektoratsrede vom 27. Mai 1933 den Nationalsozialisten anbiedern, Cassirer flüchtet in die USA.

Hindenburg vor seiner Wahl zum Reichspräsidenten in Oldenburg. Nach seinem Rücktritt vom Posten als Chef des Generalstabes des Heeres wählt Hindenburg Hannover zu seinem Alterssitz. Von dort unternimmt er in den folgenden Jahren viele Reisen durch das ganze Reich, besonders durch Ostpreußen, wo er sich als »Befreier« und Sieger von Tannenberg großer Popularität erfreut.

In den zwei Jahren vor diesem historisch gewordenen Streitgespräch in Davos hatte sich die Republik merklich zu verändern begonnen. Friedrich Ebert war am 28. Februar 1925 an einem Blinddarmdurchbruch gestorben, kurz vor seinem vierundfünfzigsten Geburtstag. Es war, wie Hagen Schulze schreibt, »fast ein Mord, ein Mord mit Worten und Paragraphen«.

Karstadt: Das modernste Warenhaus Europas

Mitte der zwanziger Jahre erweitert Berlin das U-Bahn-Netz. Die Strecken verlaufen unter dem Hermannplatz, der die Grenze zwischen den Bezirken Kreuzberg und Neukölln markiert. Auf der Kreuzberger Seite stehen dem Bauvorhaben Wohnhäuser im Wege. Trotz vieler Proteste werden sie entmietet und abgerissen. Oberirdisch liegt damit auf dem Hermannplatz ein Grundstück von 12 500 m² brach. Da den Platz jetzt gleich zwei neue Linien queren, will der Karstadt-Konzern hier ein Kaufhaus der Superlative eröffnen.

Der neue Bau nach den Plänen von Karstadt-Hausarchitekt Philipp Schaefer wird das modernste Warenhaus Europas. Der Gebäudekörper mit seiner Muschelkalkfassade überragt den Hermannplatz um 32 m. Jeweils 24 m höher steigen die beiden auf den Hermannplatz weisenden Türme in den Himmel. Nachts krönt eine Lichtsäule den Konsumtempel, und Lichtbänder betonen die vertikale Fassadenstruktur des Gebäudes.

Die Geschichte des Karstadt-Konzerns beginnt im mecklenburgischen Wismar: 1881 eröffnet der gelernte Einzelhandelskaufmann Rudolph Karstadt hier sein erstes »Tuch-, Manufactur- und Confectionsgeschäft Karstadt«. Für Rudolph Karstadt entwickeln sich die Geschäfte gut. 25 Jahre nach der Firmengründung hat er eine Filialkette von 24 Kaufhäusern in ganz Norddeutschland aufgebaut. 1920 fusioniert er mit dem Konkurrenten Theodor Althoff (1858–1931). Am 15. Dezember 1944 stirbt Rudolph Karstadt im Alter von fast 89 Jahren in Schwerin.

Im Juni 1929 öffnet das neue Haus die Türen für seine neugierigen Kunden. Auf neun Etagen mit insgesamt 72 000 m², von denen zwei unterirdisch liegen, bietet Karstadt jede denkbare Ware vom französischen Modellkleid über Teppiche aus Persien bis hin zu exotischen afrikanischen Früchten zum Verkauf an. Das Haus verfügt über 24 Personen-, 13 Speise- und 8 Lastenaufzüge. Die unterirdischen Etagen sind direkt von den Bahnsteigen der U-Bahn aus zugänglich. Das gibt es nicht einmal in New York. Die Weltwirtschaftskrise trifft den neuen Luxustempel schwer. Das Haus am Hermannplatz schreibt trotz Personalabbau und der Schließung zweier Verkaufsetagen rote Zahlen. Den Zweiten Weltkrieg übersteht es nicht. Kurz vor der Kapitulation wird es am 25. April 1945 von einer SS-Einheit gesprengt.

173 Prozesse hatte er seit seinem Amtsantritt wegen der über ihm ausgegossenen Schmähungen um seine persönliche Ehre führen müssen. Immer wieder wurde ihm dabei vorgeworfen, er habe im Januar 1918 Landesverrat begangen, als er damals in die Leitung des Berliner Metallarbeiterstreiks eingetreten war, um den Streik so schnell wie möglich zu beenden. Der letzte Prozeß in dieser Sache hatte am 23. Dezember 1924 stattgefunden. Obwohl sämtliche Zeugenaussagen, selbst von seinen politischen Gegnern, zu seinen Gunsten ausfallen, befand das Gericht, man könne dem Reichspräsidenten wenn nicht im strafrechtlichen, so doch im politischen und moralischen Sinn Landesverrat vorwerfen. Dieser Freibrief für alle Gegner der Republik traf Ebert ins Mark. Er hat die dringend notwendige Behandlung seiner Blinddarmentzündung immer wieder aufgeschoben, bis es zu spät war.

Ausflug des Konsumvereins Zwickau, 1928. In den zwanziger Jahren kauft das sozialdemokratische Milieu im Konsum, turnt im Arbeitersportverein und engagiert sich in der Arbeiter-Wohlfahrt.

Sein Nachfolger heißt Paul von Hindenburg. Nachdem es beim ersten Wahlgang keine eindeutigen Mehrheiten gegeben hatte, war er erst beim zweiten Wahlgang angetreten, und auch das nur, weil monarchistisch-nationalistische Kreise, unter ihnen der ehemalige Großadmiral von Tirpitz, den 78jährigen Alten bis zur letzten Minute bekniet hatten, weil sie sich von ihm und seiner nach wie vor großen Popularität den ersten Schritt in die Richtung eines anderen Deutschland erhofften. Hindenburg wäre aber nie gewählt worden, wenn nicht die Bayerische Volkspartei, der süddeut-

Zeitungsstand am Bahnhofsvorplatz in Essen/Ruhr 1928. 1927 erscheinen in Deutschland 3356 verschiedene Tageszeitungen, allerdings werden nur 26 in mehr als 100 000 Exemplaren gedruckt. Die wöchentlich erscheinende »Berliner Illustrierte Zeitung« erreicht 1930 eine Auflage von 1,9 Millionen, die »Münchner Illustrierte Presse« immerhin 650 000.

sche Ableger des Zentrums, für ihn und nicht für den Zentrumskandidaten Wilhelm Marx gestimmt und wenn die Kommunisten auch im zweiten Wahlgang nicht auf Ernst Thälmanns völlig aussichtsloser Kandidatur bestanden hätten.

»Deutschland hat die Maske abgeworfen«, kommentiert am Tag nach der Wahl die Pariser *Le Temps*, und Theodor Wolff schreibt im *Berliner Tageblatt*: »Die Republikaner haben eine Schlacht verloren, der bisher monarchische Feldmarschall von Hindenburg wird Präsident der deutschen Republik. Landbündler und Offiziersbündler lassen heute Sektpfropfen knallen wie nach der Ermordung Rathenaus.« Ganz ähnlich sieht es auch Gustav Stresemann, den der Mord an Rathenau erst endgültig zum Republikaner gemacht hatte. Für die politische Rehabilitation Deutschlands auf internationalem Parkett, so Stresemann, sei die Wahl Hindenburgs eine absolut desaströse Angelegenheit, »katastrophal«, wie er Harry Graf Kessler mitteilt. Es sollte vorerst nicht so schlimm kommen, doch es ist mehr als eine nur geistreiche Bemerkung, wenn Peter Gay mit Blick auf die vorausgegangenen expressionistischen Jahre des Aufstands gegen die Väter schreibt: »Mit seiner Wahl hatte die Rache des Vaters begonnen.«

Regierungszeiten des Ministerpräsidenten (MP)/der Kanzler in der Weimarer Republik

In der Weimarer Republik regierten Kanzler des katholischen Zentrums 3049 Tage, Kanzler der SPD nur 1220 Tage.

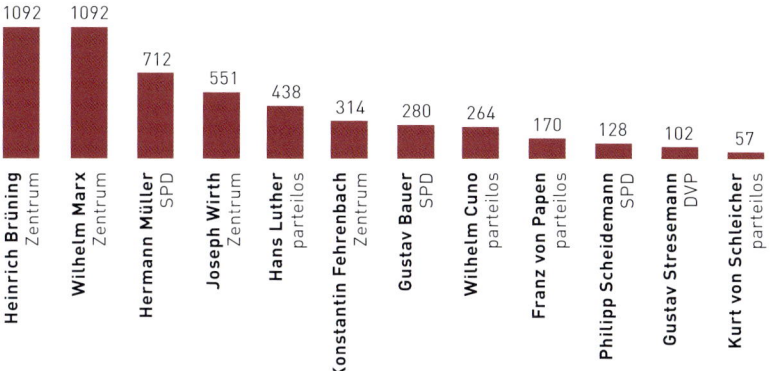

Regierungszeiten	Koalition	Dauer der Regierung		MP/Kanzler
13.2.1919 – 20.6.1919	SPD-DDP-Zentrum	128 Tage		Philipp Scheidemann (SPD)
21.6.1919 – 26.3.1920	SPD-DDP-Zentrum	280 Tage		Gustav Bauer (SPD)
27.3.1920 – 8.6.1920	SPD-DDP-Zentrum	74 Tage		Hermann Müller (SPD)
25.6.1920 – 4.5.1921	DDP-DVP-Zentrum	314 Tage		Konstantin Fehrenbach (Zentrum)
10.5.1921 – 22.10.1921	SPD-DDP-Zentrum	166 Tage		Joseph Wirth (Zentrum)
26.10.1921 – 14.11.1922	SPD-DDP-Zentrum(-BBB)	385 Tage		Joseph Wirth (Zentrum)
22.11.1922 – 12.8.1923	DDP-DVP-Zentrum-BVP	264 Tage		Wilhelm Cuno (parteilos)
13.8.1923 – 4.10.1923	DDP-DVP-SPD-Zentrum	53 Tage		Gustav Stresemann (DVP)
6.10.1923 – 23.11.1923	SPD-DDP-DVP-Zentrum	49 Tage		Gustav Stresemann (DVP)
30.11.1923 – 26.05.1924	DDP-DVP-Zentrum-BVP	179 Tage		Wilhelm Marx (Zentrum)
3.6.1924 – 15.12.1924	DDP-DVP-Zentrum	196 Tage		Wilhelm Marx (Zentrum)
15.01.1925 – 5.12.1925	DDP-DVP-Zentrum-BVP-DVNP	325 Tage		Hans Luther (parteilos)
20.1.1926 – 12.5.1926	DDP-DVP-Zentrum-BVP	113 Tage		Hans Luther (parteilos)
16.5.1926 – 17.12.1926	DDP-DVP-Zentrum-BVP	216 Tage		Wilhelm Marx (Zentrum)
29.1.1927 – 12.6.1928	DVP-Zentrum-BVP-DNVP	501 Tage		Wilhelm Marx (Zentrum)
28.6.1928 – 27.3.1930	SPD-DDP-DVP-Zentrum-BVP	638 Tage		Hermann Müller (SPD)
30.3.1930 – 7.10.1931	Präsidialkabinett	557 Tage		Heinrich Brüning (Zentrum)
9.10.1931 – 30.5.1932	Präsidialkabinett	235 Tage		Heinrich Brüning (Zentrum)
1.6.1932 – 17.11.1932	Präsidialkabinett	170 Tage		Franz von Papen (parteilos)
3.12.1932 – 28.01.1933	Präsidialkabinett	57 Tage		Kurt von Schleicher (parteilos)

BBB – Bayerischer Bauernbund	liberal, antiklerikal, auf Bayern beschränkt
BVP – Bayerische Volkspartei	katholisch, bürgerlich, auf Bayern beschränkt
DDP – Deutsche Demokratische Partei	linksliberal
DNVP – Deutschnationale Volkspartei	deutschnational, antidemokratisch
DVP – Deutsche Volkspartei	rechtsliberal
SPD – Sozialdemokratische Partei	sozialdemokratisch
Zentrum – Deutsche Zentrumspartei	katholisch, bürgerlich

Quelle: Tabelle erstellt durch die Autoren nach Hagen Schulze, Weimar – Deutschland 1917–1933, Tabelle »Die wichtigsten Minister der Regierungen der Weimarer Republik«, 4. Ausgabe, Berlin, 1994.

Der rheinische Katholik Wilhelm Marx kandidiert im zweiten Wahlgang der Reichspräsidentenwahl 1925 für den »Volksblock« aus Zentrum, SPD und DDP gegen den protestantischen 78jährigen Paul von Hindenburg, der Kandidat der Rechtsparteien ist. Hindenburg gewinnt, weil die KPD auch im zweiten Wahlgang ihren Parteivorsitzenden Thälmann antreten läßt, der 6,3 Prozent der Stimmen erhält. Vor allem aber, weil die katholische bayerische Schwesterpartei des Zentrums, die BVP, zur Wahl des Protestanten und Antidemokraten Hindenburg aufruft, ebenso die rechtsliberale DVP.

Reichskanzler Wilhelm Marx: Ein Schlichter und Vermittler

Als einziger Politiker leitet der Zentrumsabgeordnete Wilhelm Marx gleich vier Kabinette der Weimarer Republik (zwei zwischen November 1923 und Dezember 1924; zwei weitere zwischen Mai 1926 und Juni 1928). In den etwas mehr als drei Jahren seiner Kanzlerschaften tritt Deutschland dem Völkerbund bei, und es gelingt Marx und seinem Außenminister Gustav Stresemann, durch die Unterzeichnung des Dawes-Plans die Höhe und Abfolge der deutschen Reparationszahlungen neu zu regeln. Dieses Abkommen trägt ökonomisch enorm zur Stabilisierung der Verhältnisse in Deutschland bei.

Der Jurist Wilhelm Marx ist ein hochgeachteter Mann, dessen Alltag und Politikverständnis durch tiefe Gläubigkeit geprägt sind. So gründet er 1911 die Katholische Schulorganisation, um der Verweltlichung des Unterrichts entgegenzutreten. In der eigenen Partei und als Reichskanzler tritt er vor allem als zuverlässiger Verwalter, Schlichter und Vermittler auf. Trotz seiner »beamtenmäßig-biederen Erscheinung« wird er wegen seiner Integrität, persönlichen Bescheidenheit und Interessenunabhängigkeit für zahlreiche Partei- und Staatsämter vorgeschlagen, die er annimmt, weil – so seine Aussage, als er Fraktionsvorsitzender des Zentrums wird – »das Opfer nun einmal gebracht werden mußte«.

Marx zieht sich nach dem Scheitern seiner letzten Koalitionsregierung im Juni 1928 langsam aus der Politik zurück. Noch im gleichen Jahr gibt er den Vorsitz seiner Partei auf, vier Jahre später sein Reichstagsmandat. Die Jahre des Nationalsozialismus verbringt er als Privatmann in Bonn, wo er im August 1946 stirbt.

Deutsche und Franzosen

Ein ganzes Jahrzehnt lang hatten sich Frankreich und Deutschland in einem Stellungskrieg gegenübergestanden, erst in den Schützengräben von Flandern und der Normandie, dann in dem für beide Seiten verhängnisvollen Kräftemessen der Nachkriegszeit. Mit dem Ende der Ruhrkrise, die jedem das Scheitern der bisherigen Konfrontationspolitik deutlich machte, hatte sich da etwas Entscheidendes geändert. Durch den Dawes-Plan von 1924 waren Wege internationaler Zusammenarbeit eröffnet worden, die zukunftsfähig zu sein schienen und unverhofft andere, neue Modelle der Sicherheitspolitik denkbar werden ließen. Gustav Stresemann hatte das verstanden, als er am 20. Januar 1925 über den britischen Botschafter Lord D'Abernon der Regierung in London einen vertraulichen Vorschlag unterbreitete, gemeinsam über eine internationale Garantieerklärung für den Status quo in Westeuropa nachzudenken. Er war, wie er später in einer Rede sagen wird, auf der Suche nach »gleichlaufenden Interessen« in der internationalen Politik, die es allen »am Rhein interessierten Mächten« möglich machen würden, die Probleme der alliierten Besatzung und der unmittelbar damit zusammenhängenden französischen Sicherheitsinteressen friedlich zu lösen. »Für Deutschland«, so der wichtigste Satz des vertraulichen Angebots, »wäre außerdem auch ein Pakt annehmbar, der ausdrücklich den gegenwärtigen Besitzstand am Rhein garantiert«, also im Kern ein zu Frankreich gehörendes Elsaß-Lothringen. Das gleiche Memorandum erreicht am 9. Februar auch den Quai d'Orsay.

Hier hatte sich im letzten Jahr einiges verändert, seit mit einem Wahlsieg des Linkskartells eine von den Sozialisten tolerierte Minderheitsregierung des linksliberalen Radikalen Edouard Herriot an die Macht gekommen war. Nicht zuletzt wegen der katastrophalen Folgen der Ruhrbesetzung hatte Poincaré die Wahlen verloren. Von dem ehemaligen Lyoner Bürgermeister Herriot, der als ein Kenner und Freund der deutschen Kultur bekannt war, konnte man vielleicht konziliantere Töne erwarten als von seinem Vorgänger. Doch es dauert ganze vier Monate, bis endlich eine Reaktion aus Paris erfolgt. Zu sehr war man von dieser unerwarteten Wendung überrascht worden, und zu sehr hatte man sich auch an der Seine daran gewöhnt, in den Deutschen ausschließlich den Erzfeind zu erblicken, den man vielleicht in seine Schranken weisen, aber von dem man keinesfalls irgendwelche positiven Wandlungen erwarten konnte.

Auch in London ist man zunächst eher skeptisch. »Unsere Diplomatie sei in den letzten Jahren leider fast immer ungeschickt gewesen«, muß sich Harry Graf Kessler Anfang März 1925 in London von dem ehemaligen Labour-Premier Ramsay MacDonald sagen lassen, »auch jetzt wieder.

Im Zünderwerk der Robert Bosch AG in Stuttgart, 1927. Der liberale Unternehmer Robert Bosch (1861–1942) ist in den zwanziger und frühen dreißiger Jahren auch politisch tätig. Viel Energie und hohe finanzielle Mittel investiert er in die Aussöhnung zwischen Deutschland und Frankreich. Davon erhofft er sich dauerhaften Frieden in Europa und die Schaffung eines europäischen Wirtschaftsraums.

Durch unseren Vorschlag würden Fragen zur Diskussion gestellt, für deren Lösung Europa noch nicht reif sei: die unserer Ostgrenze und die der Garantien, die Deutschland Frankreich bieten könne.« Zudem galt der neue konservative Außenminister Austen Chamberlain als frankophil, und es war bekannt, daß Chamberlain seit einiger Zeit einen englisch-französisch-belgischen Garantiepakt favorisierte. Er wird dabei jedoch von seinen eigenen Gefolgsleuten kaum unterstützt.

Besonders irritierend wirkt eine Rede von David Lloyd George am 24. März, in dem dieser gegen Polen zu Felde zieht, das durch seine Eroberungen im Osten bereits fünf Elsaß-Lothringen besitze, jetzt auch noch Ansprüche auf Danzig erheben wolle und das deshalb die eigentliche Kriegsgefahr auf dem Kontinent darstelle. Chamberlain muß sich umstimmen lassen, und es gelingt ihm letztlich auch, die Franzosen von ihrer Forderung nach einer Garantie der deutschen Ostgrenzen abzubringen. Das war ganz in Stresemanns Interesse, denn seine Verständigungspolitik gegenüber Frankreich sollte ausdrücklich auch dem Zweck dienen, Deutschland im Osten den Rücken freizuhalten.

Der Barmat-Skandal: Geschenke und Kredite

Anfang 1925 werden die Brüder Julius, Judko und Henry Barmat wegen des Vorwurfs der betrügerischen Kreditbeschaffung verhaftet. Die erfolgreichen Kaufleute stammen aus Kiew und verdienen zunächst als Lebensmittelhändler in Holland ihr Geld. Nach dem Krieg werden die jüdischen Brüder, die als Investoren im großen Stil auftreten, mit Unterstützung deutscher Politiker eingebürgert und sind schon nach kurzer Zeit Besitzer diverser Industriebetriebe. Durch die Vorlage falscher Bilanzen erschleichen sie sich Kredite in Höhe von 38 Millionen Mark, die ihnen die Preußische Staatsbank und das Reichspostministerium gesetzwidrig gewähren. Als ihr aufgeblähter Konzern zusammenbricht, belaufen sich die Schulden auf 70 Millionen Mark.

Der Skandal reicht bis hinauf in die höchsten Spitzen der Politik. Reichspostminister Dr. Anton Hofle vom Zentrum wird wegen Vorteilsnahme im Amt verhaftet. Der SPD-Parteivorsitzende Otto Wels gerät, allerdings unbegründet, in den Verdacht illegaler Hilfeleistung. Und der Reichstagsabgeordnete Gustav Bauer – immerhin ein früherer Reichskanzler – muß sein Reichstagsmandat niederlegen. Bauer, der den Barmat-Brüdern gegen kleine Vergünstigungen Informationen und Empfehlungsschreiben geliefert hat, wird zwar nach einem zeitweiligen Ausschluß wieder in die SPD aufgenommen, doch seine politische Karriere ist beendet.

Unbestritten bleibt, daß die Gebrüder Barmat der SPD für den Wahlkampf 1924 erhebliche Summen gespendet hatten. Der Skandal erregt großes öffentliches Aufsehen. Die NSDAP wird ihn später nutzen, um die Weimarer Republik als »Juden- und Schieberrepublik« hinzustellen.

So kommt, ein dreiviertel Jahr nach den deutschen Memoranden an London und Paris, zwischen dem 5. und 16. Oktober 1925 im Tessin jene Einigung zustande, mit der, so Stresemann, den »Dingen seit Versailles« eine »andere Wendung« gegeben werden konnte, nicht mehr in Konfrontation, sondern in der Zusammenarbeit mit den Siegermächten und versehen mit einer Sicherheitsgarantie für Frankreichs nordöstliche Grenzen. Die Außenminister Gustav Stresemann, Aristide Briand und Austen Chamberlain sind die Wortführer ihrer Delegationen, die sich im Rathaus von Locarno zusammengefunden haben. Als die drei nach einer langen Fahrt mit dem Motorboot »Orangenblüte« über den Lago Maggiore sich auf dem Rathausbalkon gemeinsam dem Publikum stellen, werden sie von der auf dem Marktplatz versammelten Menge mit enthusiastischen Rufen empfangen: *Pace! Pace!* Endlich Frieden.

Jährliche Ausgaben eines Arbeiterhaushalts 1928

1928 gibt eine Arbeiterfamilie 15,2 Prozent ihrer Gesamtausgaben für das Wohnen aus.

	Einzelpersonen		Ehepaar mit drei Kindern	
	Ausgaben in RM	Ausgaben in %	Ausgaben in RM	Ausgaben in %
Wohnungsmiete	141,67	10,4 %	287,75	10,8 %
Heizung & Beleuchtung	48,42	3,6 %	117,06	4,4 %
Bekleidung	149,41	11,0 %	303,60	11,3 %
Milch	40,91	3,0 %	148,89	5,6 %
Butter	39,36	2,9 %	46,77	1,7 %
Käse	12,78	0,9 %	26,71	1,0 %
Eier	24,14	1,8 %	42,68	1,6 %
Fleisch	150,40	11,1 %	318,92	11,9 %
Fisch	9,41	0,7 %	20,26	0,8 %
Brot	66,90	4,9 %	226,96	8,6 %
Kartoffeln	21,18	1,6 %	67,68	2,6 %
Gemüse	20,56	1,5 %	51,71	1,9 %
Obst	21,53	1,6 %	40,84	1,5 %
Kaffee & Tee	20,42	1,5 %	43,79	1,6 %

Quelle: Statistisches Jahrbuch Deutsches Reich, 1928

Die drei Staatsmänner hatten, wie es in der Präambel des Vertragswerks heißt, »eine moralische Entspannung zwischen den Nationen« erreicht, indem sich Deutschland neben dem Verzicht auf gewaltsame Veränderungen von Grenzen auch zu einer freiwilligen Entmilitarisierung des Rheinlands und zum Beitritt in den Völkerbund mit ständigem Sitz im Völkerbundsrat bereit erklärte. Gleichzeitig war Frankreich mit dem Locarno-Vertrag die Möglichkeit genommen, auch in Zukunft so zu reagieren, wie das während der Ruhrbesetzung der Fall gewesen war, und den Versailler Vertrag als Instrument französischer Dominanz auf dem Kontinent einzusetzen. »Alles atmet nach Jahren der Er- und Verbitterung in Europa einen neuen Geist«, schreibt das *Berliner Tageblatt* einen Tag später. »Deutschland ist nunmehr ein Glied der Alliierten geworden.«

Viele in Europa, besonders die Franzosen, empfinden es so, als sei damit der gordische Knoten des deutschen Alptraums für immer durchschlagen. »Locarno hat die gesellschaftlichen Beziehungen hier völlig verwandelt«, berichtet Harry Graf Kessler Anfang Januar 1926

Rechte Seite: Nach Beendigung des großen Hafenarbeiterstreiks im größten Binnenhafen Europas in Duisburg-Meiderich haben sich im Jahre 1928 70 Arbeiter mit ihrem gewerkschaftlichen Bezirksleiter zu einem Gruppenbild an einem Bahndamm versammelt.

Kurt Tucholsky:
Der Journalist mit den fünf Namen

Kurt Tucholsky legt seinem Verleger Rowohlt folgende Frage in den Mund: »Haben Sie gar nichts? Wie wäre es denn mit einer kleinen Liebesgeschichte? Überlegen Sie sich das mal!« Tucholsky antwortet: »Ja, eine Liebesgeschichte ... lieber Meister, wie denken Sie sich das? In der heutigen Zeit Liebe? Lieben Sie? Wer liebt denn heute noch?« Aber am Ende des fiktiven Briefwechsels steht »Schloß Gripsholm«.

Kurt Tucholsky, streitbarer Journalist und erfolgreicher Autor, resigniert vor den Nationalsozialisten und schreibt in den letzten drei Jahren seines Lebens kaum noch einen Artikel. Er kapituliert vor allem als Satiriker: »Satire hat auch eine Grenze nach unten. In Deutschland etwa die herrschenden faschistischen Mächte. Es lohnt nicht – so tief kann man nicht schießen.«

Kurt Tucholsky wird im Januar 1890 in Berlin geboren. 1909 beginnt er ein Jurastudium und schreibt nebenher für das Berliner Tageblatt *und den sozialdemokratischen* Vorwärts. *1912 erscheint seine Liebesgeschichte* Rheinsberg – ein Bilderbuch für Verliebte. *1913 wird Tucholsky Literatur- und Theaterkritiker der* Schaubühne *(ab 1918* Die Weltbühne*). Der enorm produktive Autor trägt unter den Pseudonymen Kaspar Hauser, Peter Panter, Ignaz Wrobel und Theobald Tiger mit einer großen Zahl von Beiträgen zur thematischen Vielfalt des kleinen, aber einflußreichen Magazins bei, dessen Auflage 15 000 Exemplare nie übersteigt. Tucholsky nähert sich der KPD an, beharrt aber auf seinem unabhängigen Standpunkt jenseits der Parteidisziplin. 1931 veröffentlicht er seinen Roman* Schloß Gripsholm, *der wie seine anderen Werke 1933 der Bücherverbrennung zum Opfer fällt.*

Am 23. August 1933 wird Tucholsky ausgebürgert. Zunehmend vereinsamt, lebt er meist in Hindås nahe Göteborg. Er darf nicht arbeiten und muß jederzeit befürchten, des Landes verwiesen zu werden. Als die Behörden ihm im November 1935 die schwedische Staatsbürgerschaft verwehren, sieht er für sich keine Zukunft mehr. Am 21. Dezember 1935 stirbt er an den Folgen eines Selbstmordversuchs im Krankenhaus von Göteborg.

aus Paris, wo er alte Künstlerfreunde aus der Zeit vor dem Ersten Weltkrieg besucht. »Die Leute scheinen eine Art Koketterie darin zu setzen, möglichst warm und freundschaftlich den alten deutschen Bekannten entgegenzukommen.« 1926 wird, wie Kessler hofft, »das erste Friedensjahr nach elfjährigem Krieg« werden.

Aschaffenburg, zu Beginn der zwanziger Jahre: Eisschlagen im Main. In einer Zeit ohne Kühlschrank – der erste europäische Kühlschrank für Privathaushalte wird 1929 von den Zschopauer Motorenwerken J.S. Rasmussen entwickelt – kühlt man in Industrie, Gastronomie und in wohlhabenden Privathaushalten mit Eisstangen. Das »Stangeneis« wird im Winter auf Seen und Flüssen geschlagen, in Eiskellern eingelagert und vom Eismann mehrmals in der Woche zu den »Kühltruhen« gebracht.

Doch eine freiwillige Anerkennung der Ostgrenzen Deutschlands mit Polen und der Tschechoslowakei kam auch in Locarno nicht zustande, selbst wenn Stresemann im Unterschied zu den alten Kriegsplänen von Seeckts und Joseph Wirths nun eine »friedliche Lösung der polnischen Grenze« anstrebt. Er hofft, daß nach dem Vertrag von Locarno und der durch ihn verbesserten Stellung Deutschlands in Europa ein drohender polnischer Staatsbankrott die Regierung in Warschau, die noch länger als Deutschland mit den Folgen einer ebenso verheerenden Hyperinflation zu kämpfen hatte, verhandlungsbereit machen würde. Nicht nur, um damit den Druck auf Polen zu erhöhen, sondern auch als eine Art »Rückversicherung« in Bismarckscher Tradition dient der Freundschaftsvertrag mit

Erich Kästner: Verboten und verbrannt

Erich Kästner ist Zeuge, als Nazis seine Bücher am 10. Mai 1933 auf dem Platz zwischen Staatsoper und Humboldt-Bibliothek verbrennen. Der 1899 geborene Dresdener hat sich durch zwei Gedichtbände, vor allem aber durch sein Kinderbuch Emil und die Detektive *(1928) und den Roman* Fabian *(1931) einen Namen gemacht. Einer der vom Verleger abgelehnten Titel dieser Satire lautet: »Der Gang vor die Hunde«, und tatsächlich ist Fabian, durch dessen Augen Kästner die Republik sieht, ein scharfer Kritiker seiner Zeit. Über Berlin sagt er: Im Osten residiert das Verbrechen, im Zentrum die Gaunerei, im Norden das Elend, im Westen die Unzucht, und in allen Himmelsrichtungen wohnt der Untergang. Die Nationalsozialisten setzen das Buch 1933 sofort auf den Index.*

Im Gegensatz zu vielen Schriftstellern geht Kästner nicht in die Emigration. Er will Chronist der Ereignisse sein, und er kann seine Mutter nicht allein lassen, zu der er eine sehr enge Beziehung hat. Über 30 Jahre schreiben die beiden sich fast täglich einen Brief. In den folgenden Jahren veröffentlicht Kästner in der Schweiz weitere Jugendbücher wie Das fliegende Klassenzimmer. *Er wird mehrmals verhaftet, aber immer wieder freigelassen. 1942 belegen ihn die Behörden mit totaler »Berufsuntersagung«. Unter dem Pseudonym Berthold Bürger verfaßt er dennoch (dank Sondergenehmigung) das Drehbuch für den sehr erfolgreichen Münchhausen-Film der Ufa mit Hans Albers.*

Erich Kästner, 1925. Zu dieser Zeit lebt der gebürtige Dresdener in Leipzig. Kästner promoviert 1925 über das Thema »Friedrich der Große und die deutsche Literatur«. Sein Studium hat Kästner als Journalist und Theaterkritiker für das Feuilleton der »Neuen Leipziger Zeitung« finanziert.1927 zieht Kästner nach Berlin.

Nach dem Krieg lebt Kästner in München, wo er das Feuilleton der Neuen Zeitung *leitet und Texte für die Kabaretts »Schaubude« und »Kleine Freiheit« schreibt. Am 29. Juli 1974 stirbt er an Speiseröhrenkrebs. Im selben Grab ruht heute seine langjährige Partnerin Luiselotte Enderle, die er als Namensgeberin im* Doppelten Lottchen *verewigt hat.*

der Sowjetunion vom 24. April 1926. Er sollte in erster Linie von der Sorge befreien, die Sowjets könnten sich hinter dem Rücken Deutschlands mit den Westmächten verständigen, doch er verschlechterte natürlich auch die Lage Polens. Wieder einmal ist es Józef Pilsudski, der im Mai 1926 nach einem von der polnischen Linken unterstützten Putsch durch sein halbdiktatorisches *Sanacja*-Regime das Land stabilisiert. Ende 1926 ist der polnische Haushalt mit Hilfe der neuen Zloty-Währung wieder ausgeglichen, und damit sind alle Hoffnungen dahin, durch Schachzüge bei einem bevorstehenden Staatsbankrott Polens den »uneingeschränkten Wiedergewinn der Souveränität über die in Rede stehenden Gebiete« zu erreichen, was Stresemann im April noch als revisionspolitische Konsequenz aus Locarno gehofft hatte.

Die Arbeiterradfahrer des Rad- und Kraftfahrerbunds »Solidarität« in Zwickau, 1928. Der RKB wird 1896 als »Arbeiter-Radfahrerbund Solidarität« gegründet. In den Jahren der Weimarer Republik ist der der SPD nahestehende Verband mit mehreren hunderttausend Mitgliedern der größte Radsportverband der Welt.

Auch ist mit Locarno im Westen bei weitem noch nicht die Stabilität erreicht, die sich viele Zeitgenossen im ersten Überschwang erhoffen. Der

Clara Zetkin:
Für Kommunismus und Frauenrechte

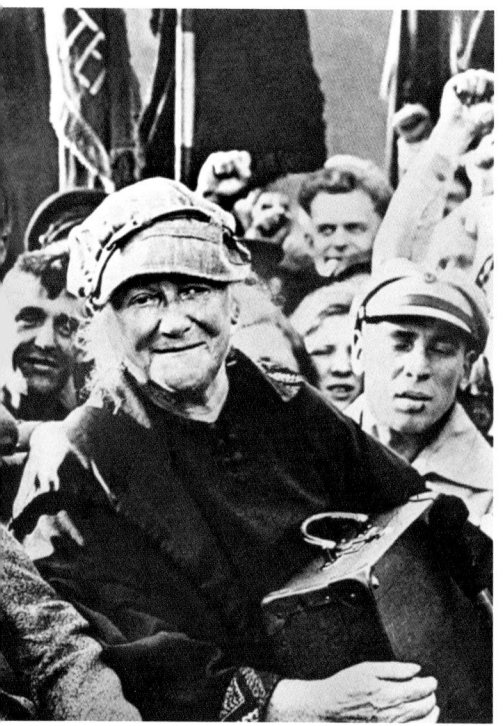

Clara Zetkin auf einer Kundgebung zu Beginn der dreißiger Jahre.

Die kommunistische Alterspräsidentin des Reichstags, Clara Zetkin, wird 1857 in Sachsen geboren. Die Tochter eines Dorfschullehrers arbeitet nach dem Besuch eines Lehrerinnenseminars in Leipzig, wo sie sich in den Russen Ossip Zetkin verliebt. 1878 stößt sie zur Sozialdemokratie. Der Beitritt entsetzt ihre Familie. Der Bruch ist unvermeidlich.

Im selben Jahr tritt das Sozialistengesetz in Kraft. Clara geht ins Exil nach Zürich und Paris, wo sie ihr Lebensgefährte schon erwartet. Bald kommen zwei Söhne zur Welt. Ossip erkrankt schwer. Clara muß nicht nur den Familienunterhalt sichern und die Kinder betreuen, sondern auch ihren halbseitig gelähmten Ehemann pflegen, der 1889 stirbt.

Ihre schwierige Situation hindert sie nicht am politischen Engagement. Auf dem Gründungstreffen der II. Internationale fordert Zetkin die vollständige Gleichberechtigung der Frau. Selbst ihre Genossen sind skeptisch. Auch sie sind der Meinung, Frauenarbeit müsse abgeschafft werden, da sie die Löhne der Männer drücke. Nach Aufhebung der Sozialistengesetze reist Clara Zetkin 1891 in ihre Heimat zurück und leitet bis 1916 die SPD-Frauenzeitschrift Die Gleichheit. *Auf ihre Initiative geht auch der erste Internationale Frauentag am 8. März 1911 zurück.*

Während der Debatten um die Kriegskredite im Ersten Weltkrieg wendet sie sich gegen die Partei, der sie fast dreißig Jahre angehört hat. Sie tritt in die Unabhängige Sozialdemokratische Partei (USPD), später in die KPD ein. Von 1920 bis 1933 ist sie für die Kommunisten Mitglied des Reichstags, zuletzt als Alterspräsidentin. Nach Hitlers Sieg emigriert sie in die Sowjetunion. Kurz darauf stirbt sie im Militärsanatorium Archangelskoje bei Moskau. Ihre Urne wird an der Kremlmauer in Moskau beigesetzt.

Locarno-Frieden, so der Historiker Gottfried Niedhardt, konnte sich »entweder in Richtung auf Stabilität weiterentwickeln oder (...) in den Krieg zurückfallen«. Beide Tendenzen werden in der kommenden Zeit wirksam. Für viele im Ausland ist es eher beruhigend, wie der Generalsekretär des Völkerbundes, Sir Eric Drummond, Harry Graf Kessler mitteilt, daß »wir jetzt unter Hindenburg einträten«. Tatsächlich hatte der alte General ja im Mai 1925 einen Eid auf die Verfassung der Republik leisten müssen, und er hatte, was viele überraschte, in seiner anschließenden Erklärung großen Wert auf den republikanischen und demokratischen Charakter der Verfassung und besonders auf die Volkssouveränität gelegt. Für Hindenburg war dieser Eid mit Sicherheit so verpflichtend, wie es ein Eid für einen preußischen Offizier nur sein konnte.

Doch längst hatte man sich auch in eher deutschnationalen Kreisen von alten monarchistischen Träumen freigemacht. Die Republik war eine Tatsache, das meinte auch Hindenburgs enger Berater Kurt von Schleicher, »und da liegt es doch wirklich auf der Hand, daß sie nach unseren Wünschen ausgebaut werden kann«. Womit er meint, es sei das beste, »wenn der Regierungskurs nach rechts geht«. Zunächst jedoch trägt Hindenburg zum Entsetzen vieler seiner Anhänger den Locarno-Frieden mit, anders als die deutschnationale DNVP, die deswegen die Regierungskoalition platzen läßt und die Stresemann 1925 noch in die Mitverantwortung für die Dawes-Gesetze zwingen kann. Sie gerät jedoch jetzt immer mehr unter den Einfluß ihres radikalen Flügels unter dem Medienmagnaten Alfred Hugenberg, dessen Fundamentalopposition gegen jede Verständigungspolitik ihn fast zwangsläufig bald zur Zusammenarbeit mit noch radikaleren Kräften wie Adolf Hitler bewegt. Stresemann steht nach Locarno also unter Erfolgsdruck, um solchen Strömungen entgegenwirken zu können.

Am 10. September 1926 wird Deutschland in den Völkerbund aufgenommen. Bereits Tage zuvor war die deutsche Delegation unter Reichsaußenminister Gustav Stresemann auf ihrem Weg zum Hotel *Metropol* in Genf von Passanten begeistert begrüßt worden. »Das Zeichen des heutigen Tages ist der Friede für Deutschland und für Frankreich«, ruft der Franzose Aristide Briand an diesem 10. September der im Genfer Reformationssaal tagenden Vollversammlung zu. »Was Heldentum und Kraft anbetrifft, brauchen sich unsere Völker keine Beweise mehr zu liefern. Auf den Schlachtfeldern der Geschichte haben beide eine reiche und ruhmvolle Ernte gehalten. Sie können sich von jetzt an um andere Erfolge auf anderen Gebieten bemühen.« Es ist, als sei in dieser Minute eine neue Ära der Weltpolitik angebrochen. Die Delegierten erheben sich von ihren Sitzen und feiern Briand und Stresemann mit minutenlangen Ovationen.

Die Neue Sachlichkeit: Das Bild der Zeit

Nach dem Ende des Kaiserreiches suchen viele Künstler die Auseinandersetzung mit der Wirklichkeit. Schriftsteller und Maler wollen wieder Chronisten sein – und sie wollen Partei ergreifen.

Einer der führenden Vertreter der neuen Malerei ist George Grosz, der eine überzeichnete Realität mit grellen und grotesk verzerrten Figuren malt – seine »Neue Sachlichkeit« ist alles andere als das, was man gemeinhin mit dem Begriff sachlich verbindet. Sein Gemälde »Stützen der Gesellschaft« – Militärs und Geistliche, Journalisten und Parlamentarier – zeigt lauter deformierte Fratzen im Großstadtdschungel, die Grosz durch Haltung, Gesten und Attribute als Schinder, Parasiten und Egoisten demaskiert.

Der beste Porträtist der »Neuen Sachlichkeit« ist Otto Dix. Im »Bildnis der Eltern« malt er das auf einem Sofa sitzende Ehepaar mit großer Zuneigung. Dix verzichtet auf jede expressive Geste und jede Idealisierung. Sein Vater ist ein einfacher Fabrikarbeiter und seine Mutter eine stille Person. Aber Dix fängt im Bild nicht nur den Charakter seiner Eltern, sondern auch die Kraft und den Stolz des Proletariats ein.

Ein dritter Protagonist der »Neuen Sachlichkeit« ist Christian Schad. Er malt vor allem das Halbweltleben: einsame Frauen in Cafés, Prostituierte mit ihren Freiern, Kellner und Lebemänner. Ihm gelingen Bilder, in denen eine Gesellschaft förmlich zu greifen ist, die ihre Unsicherheit und Leere durch Turbulenz und Rastlosigkeit zu überspielen versucht.

Der Begriff »Neue Sachlichkeit« geht auf den Mannheimer Kunsthistoriker und Museumsdirektor Gustav Friedrich Hartlaub zurück, der ihn 1925 als Oberbegriff für eine Ausstellung moderner Malerei erfindet.

Am 17. September sind der Deutsche und der Franzose unter sich. Sie sind in den französischen Jura gefahren und haben sich dort in einem Landgasthof verabredet. Hier, in dem kleinen Dorf Thoiry, wird noch einmal große Weltpolitik gemacht, als Briand Stresemann den Vorschlag unterbreitet, jetzt mit mutigen Schritten eine Generalbereinigung aller noch offenen deutsch-französischen Fragen anzugehen. Er könne sich vorstellen, so Briand, »die ganze Rheinlandbesetzung aufzuheben, das Saarland an Deutschland zurückzugeben und ebenso die Militärkontrolle zu beseitigen«. Deutschland sollte dafür durch vorzeitige Reparationszahlungen zur Sa-

Linke Seite: Ein Paar in Essen hat sich für ein gesellschaftliches Ereignis eingekleidet. Sie trägt Strümpfe aus synthetischen Fasern, er hat wie die meisten Männer die Haare streng nach hinten gekämmt. Der Herr trägt den »kleinen Gesellschaftsanzug« Smoking.

Belegschaft der kleinen Motorrad-
fabrik Rolfes in Oythe bei Vechta,
1926. Zwischen 1921 und 1924 erhöht
sich der Bestand von Motorrädern in
Deutschland von knapp 26 700 auf
rund 98 000 Maschinen. Fast 800 000
Motorräder sind bis Mitte 1931 im
Deutschen Reich zugelassen.

nierung der französischen Währung beitragen.
Für die Saarkohlegruben stellt Stresemann eine
Abfindung in Aussicht, bevor er in aufgeräumter
Stimmung nach Berlin zurückkehrt, wo er seine
politischen Freunde wissen läßt, er sehe jetzt die
Möglichkeit »einer baldigen Befreiung der noch
besetzten Gebiete und einer Rückgabe des Saar-
gebiets an Deutschland«. Doch schon bald wird
sein Optimismus enttäuscht.

In Frankreich gibt es Widerstand gegen eine vorzeitige Räumung des
Rheinlandes. Poincaré ist wieder an der Macht, und er ist mit Briands Visi-
onen alles andere als einverstanden. Poincaré gelingt es rasch, den Franc
aus eigener Kraft zu stabilisieren, so daß er auf die in Thoiry vereinbarten Abmachungen nicht mehr angewiesen ist. Zwar wird im Januar 1927
die Interalliierte Militärkommission abgezogen, zwar feiern Briand und
Stresemann im Juni einen internationalen Triumph bei der Verleihung
des Friedensnobelpreises in Oslo, bei der der deutsche Außenminister in
seiner Dankesrede noch einmal den »Weg des neuen Deutschland« skiz-
ziert, doch der große Durchbruch läßt auf sich warten. Zur Räumung des

Rheinlands kommt es vorerst nicht. Sie wird erst im August 1929 auf einer internationalen Konferenz in Den Haag beschlossen werden. In Europa hat die Skepsis wieder zugenommen.

Davon zeugt auch eine Initiative der französischen Regierung, die im April 1927 Fühler nach Washington ausgestreckt hat, um dort nach

Der Meister, Gesellen und Lehrjungen in der Brot- und Zwiebackfabrik Aschaffenburg in der Glattbacher Straße, Mitte der dreißiger Jahre. Oft leben in den zwanziger und dreißiger Jahren die Lehrjungen noch in der Familie des Lehrherrn.

zusätzlichen Absicherungen gegenüber Deutschland zu suchen. Nicht gerade hilfreich ist auch die Tannenberg-Rede des deutschen Reichspräsidenten im September 1927, in der Hindenburg noch einmal energisch jede Schuld Deutschlands am Ausbruch des Weltkrieges zurückweist. Immer mehr setzt sich in Frankreich die Überzeugung durch, daß man an eine Räumung des Rheinlandes erst denken könne, wenn das Land über ein neues Festungssystem entlang seiner Ostgrenze verfügt. Briand macht sich seit 1927 auch zunehmend Sorgen wegen der Stärke der rechtsgerichteten paramilitärischen Verbände in Deutschland.

Dennoch kann Stresemann in dieser Zeit einen außenpolitischen Erfolg vorweisen. Als Ende August 1928 in Paris der sogenannte Briand-Kellogg-Pakt unterzeichnet wird, ist dies unter anderem auch sein Ver-

Der Zeppelin:
In 21 Tagen um die Erde

Die »Graf Zeppelin« wird im September 1928 nach 21monatiger Bauzeit in Dienst gestellt. Sie ist in jeder Hinsicht gigantisch: 236 m Länge. Über 30 m Durchmesser. Fünf Maybach-Motoren mit je 530 PS, die eine Reisegeschwindigkeit von 115 km/h und eine Reichweite von 12 000 km erlauben. Eine Besatzung von beinahe 50 Personen, die sich um das Schiff und die maximal 20 Passagiere kümmert.

Ein Jahr später startet die »Graf Zeppelin« unter ihrem erfahrenen Kapitän Hugo Eckener zu einer aufsehenerregenden Weltumrundung. Zuerst fliegt Eckener die amerikanische Ostküste an, weil der Verleger Randolph Hearst, der die Reise im Gegenzug für das Recht der exklusiven Berichterstattung finanziert, auf New York als Ausgangspunkt und Zielort besteht. Am Abend des 7. August startet das Luftschiff zurück ins deutsche Friedrichshafen, wo Eckener am 10. August eintrifft. Am 15. August reisen er und seine Mannschaft weiter nach Tokio, das der Zeppelin nach einer Flugzeit von 101 Stunden und 49 Minuten erreicht. Am 23. August bricht das Team erneut auf und landet nach 68 Stunden über dem Pazifik in San Francisco. Der Rest ist ein Triumphzug. Sogar der amerikanische Präsident Herbert Hoover empfängt den Luftschiffer, dem die New Yorker mit einer Konfettiparade einen begeisterten Empfang bereiten.

Aber alle Luftschiffträume zerplatzen im Mai 1937: Das Nachfolgemodell der »Graf Zeppelin«, die »Hindenburg«, explodiert kurz vor der Landung in Lakehurst bei New York. Vom ersten Funkenschlag bis zur Explosion dauert es ganze 34 Sekunden. Wie durch ein Wunder überleben 62 der 98 Besatzungsmitglieder und Passagiere. Aber das Vertrauen in die Technik ist dahin: Nach dieser Katastrophe werden alle Zeppeline abgewrackt.

dienst. Der amerikanische Außenminister Kellogg hatte die französische Initiative vom April 1927 mit dem Vorschlag eines universalen Vertrages beantwortet, durch den sich alle Unterzeichnerstaaten zu einer Ächtung des Krieges verpflichten sollten. Stresemann signalisierte Kellogg schon früh Zustimmung zu diesem Versuch, eine neue völkerrechtliche Norm zu begründen, unter die er nun im Namen Deutschlands auch seine Unterschrift setzen kann. Nur wenige Tage vorher hatte er einen leichten Schlaganfall erlitten.

Auf der Herbsttagung des Völkerbunds steht noch einmal der optimistische »Geist von Locarno« im Mittelpunkt der Vollversammlung, als Aristide Briand dort die Zukunft eines »föderativen Bandes« zwischen

den »Völkern Europas«, ja die Perspektive der *États-Unis d'Europe*, der Vereinigten Staaten von Europa, beschwört. Stresemann wird durch einen Herzanfall daran gehindert, Briand sofort zu antworten.

Das Luftschiff »Graf Zeppelin« überfliegt 1933 Zwickau. Parallel zu den Luftschiffen haben die Zeppelinwerke auch Ganzmetallflugboote unter ihrem Konstrukteur Claude Dornier entwickelt. Die zehn Tonnen schwere Dornier Do J II »Wal« setzt die Luft Hansa zu Beginn der dreißiger in ihrem Südatlantik-Luftpostdienst ein. Dabei werden transatlantische Flugstützpunkte aus Schiffen auf hoher See zu Zwischenstopps angeflogen.

»Wo bleibt das europäische Geldstück, wo die europäische Briefmarke«, ruft er der Vollversammlung des Völkerbunds dann am 9. September endlich zu. Es ist sein letzter großer Auftritt auf internationalem Parkett, den er, nach den Worten eines britischen Beobachters, als »vom Tode Gezeichneter« nur mit Mühe hinter sich bringen kann. Die Begeisterung für seinen Auftritt ist dennoch ungebrochen, obwohl er in seiner Rede in Genf Briands Ideen zu einer europäischen Föderation eine deutliche Absage erteilt hatte. Es ging ihm, der in den letzten Jahren immer den untrennbaren Zusammenhang von internationalem Finanzfluß, internationalem Handel und internationaler Entspannung betont hatte, in erster Linie um einen europäischen Wirtschaftsraum. Die Ära der europäischen Nationalstaaten war für ihn noch lange nicht zu Ende.

ANHANG

Verwendete und zitierte Literatur

Blücher, Wipert von
Deutschlands Weg nach
Rapallo. *Wiesbaden 1951*

Bracher, Karl Dietrich
Die Krise Europas seit 1917.
Frankfurt Berlin 1993

Brenner, Wolfgang
Walther Rathenau.
Deutscher und Jude.
München 2005

Breuer, Stefan
Anatomie der konservativen
Revolution. *Darmstadt 1993*

Carsten, Francis L.
Der Aufstieg des Faschis-
mus in Europa. *Frankfurt/
Main 1969*

Craig, Gordon A.
Deutsche Geschichte
1866–1945. *München
1999*

Dahl, Hans Fredrik
Quisling. A Study in
Treachery. *Cambridge
1999*

Davies, Norman
Im Herzen Europas.
Geschichte Polens.
München 2001

Demandt, Alexander (Hg.)
Das Attentat in der Ge-
schichte. *Köln 1996*

Diner, Dan
Das Jahrhundert verstehen.
Frankfurt/Main 2000

Fröhlich, Michael (Hg.)
Die Weimarer Republik.
Portrait einer Epoche in
Biographien. *Darmstadt
2002*

Gay, Peter
Die Republik der Außensei-
ter. Geist und Kultur in der
Weimarer Zeit 1918–1933.
Frankfurt/Main 1989

Haffner, Sebastian
Die deutsche Revolution
1918/19. *Berlin 1979*

Harden, Maximilian
Kaiserpanorama. Litera-
rische und politische
Publizistik. *Berlin 1983*

Hirsch, Helmut
Rosa Luxemburg. *Reinbek
2004*

Jäckel, Eberhard
Das deutsche Jahrhundert.
Frankfurt/Main 1999

Kessler, Harry Graf
Tagebücher 1918–1937.
Frankfurt/Main 1979

Kochan, Lionel
Russia and the Weimar
Republic. *Cambridge 1954*

Koestler, Arthur
Frühe Empörung.
Frankfurt Berlin 1993

Kolb, Eberhard
Gustav Stresemann.
München 2003

Lange, Annemarie
Berlin in der Weimarer
Republik. *Berlin 1987*

Large, David Clay
Hitlers München. Aufstieg
und Fall der Hauptstadt der
Bewegung. *München 1998*

Lukacs, John
Hitler. Geschichte und
Geschichtsschreibung.
München 1997

Madrasch-Groschopp, Ursula
Die Weltbühne. Porträt einer
Zeitschrift. *Berlin 1983*

Mann, Golo
Deutsche Geschichte des
19. und 20. Jahrhunderts.
Frankfurt/Main 1958

Mazower, Mark
Der dunkle Kontinent.
Europa im 20. Jahrhundert.
Berlin 2000

Niedhart, Gottfried
Die Außenpolitik der
Weimarer Republik.
München 1999

Noack, Paul
Carl Schmidt.
Berlin Frankfurt 1993

North, Michael (Hg.)
Deutsche Wirtschafts-
geschichte. *München 2000*

Schulze, Hagen
Weimar. Deutschland
1917–1933. *Berlin 1982*

Schunck, Peter
Geschichte Frankreichs von
Heinrich IV. bis zur Gegen-
wart. *München/Zürich 1994*

Sontheimer, Kurt
Antidemokratisches Denken
in der Weimarer Republik.
München 1978

Troeltsch, Ernst
Die Fehlgeburt einer Republik. *Frankfurt/Main 1994*

Witt, Peter-Christian
Friedrich Ebert. *Bonn 1982*

Winkler, Heinrich August
Der lange Weg nach Westen,
2 Bde. *München 2000*

Winkler, Heinrich August
Streitfragen der deutschen
Geschichte. *München 1997*

Winkler, Heinrich August
Weimar 1918–1933. Die
Geschichte der ersten
deutschen Demokratie.
München 1993

Bildnachweis

akg-images, Archiv für Kunst und Geschichte 2, 6, 137, 156

AdsD d. FES, Archiv der sozialen Demokratie der Friedrich-Ebert-Stiftung 25

Alpines Museum des Deutschen Alpenvereins e.V. (DAV) 119

Arbeiter-Samariter-Bund Deutschland e.V. 12, 34

Deutsches Historisches Museum, Berlin 23, 39, 43, 45, 54, 83, 86, 93, 95, 105, 114, 118, 128, 144, 150, 158, 160

Geschichtswerkstatt Neuhausen e.V., München 50, 121

Haniel-Archiv, Franz Haniel & Cie. GmbH 155

Heimatbibliothek des Heimatbundes für das Oldenburgische Münsterland, Vechta 48, 58, 145, 164

Heimatverein Horneburg und Umgebung e.V. 79, 110, 111

Kaufhof Warenhaus AG 101 (unten)

Kulturzentrum Ostpreußen, Ellingen 76, 85

Norbert Peschke, Zwickau 15, 31, 36, 38, 97, 147, 159, 167

Robert Bosch AG 91, 152

Ruhrlandmuseum Essen 56, 88, 96, 98, 99, 102, 108, 112, 121, 124, 132, 134, 136, 141, 143, 148, 162

SiemensForum, Siemens Aktiengesellschaft, München 135

Stadt- und Stiftsarchiv Aschaffenburg, Bildarchiv Eymann, Aschaffenburg 52, 101 (oben), 157, 165

Stadtarchiv Münster 19, 20, 21

Stadtarchiv Niederkassel 64

Stadtarchiv Osnabrück 8, 11

Stadtarchiv Roth 77, 84

Stadtarchiv Schleiden 33

Stadtarchiv Worms 26, 27, 28, 70, 73, 107, 113, 130, 131, 157

Staley-Wise Gallery 125

Steintor: Verlagsgesellschaft, privat 47, 66, 80

ullstein bild 51, 60, 68, 75, 117, 123, 126, 139, 146

Die Filme und ihre Quellen

Das Projekt »Zeitreise« umfaßt in vier Bänden mit insgesamt 12 Filmen die Geschichte der Deutschen von 1815 bis zur Gegenwart. Die Filme stellen »Die Deutschen« in einer kaleidoskopartigen Montage aus Hunderten von Filmquellen der jeweiligen Zeit dar. Da wir die Geschichte alltäglicher, regionaler und emotionaler erzählen wollen, als es die vom Fernsehen gesetzten Standards heute tun, können wir nicht nur auf die bekannten und gut erschlossenen Archive zurückgreifen.

Woher stammen unsere Quellen? Wieweit sind sie dokumentarisch? Was ist »manipuliert«? Welchen Einfluß hat die Entwicklung des Films auf unser Vorgehen? Das sind Fragen, die der folgende Text beantworten will, um dem Betrachter einen kritischen Umgang mit den filmischen Dokumenten zu ermöglichen.

Filmische Archive

Die großen nationalen Archive, insbesondere das Bundesarchiv in Berlin bzw. Koblenz, die »National Archives« in Washington D. C., das Filmarchiv des Imperial War Museum in London, aber auch die Nationalen Filmarchive der Niederlande, Polens und Österreichs sind die Quellen der meisten zeitgeschichtlichen Dokumentationen. In manche dieser Archive sind die Bestände der großen privaten Filmproduktionen eingegangen. Dies gilt insbesondere für die bis 1945 in Deutschland produzierten Wochenschauen und Dokumentarfilme.

Die Wochenschauen von Gaumont und Pathé, die schon seit Beginn des 20. Jahrhunderts von wichtigen, sensationellen und skurrilen Ereignissen berichten, werden noch heute kommerziell vermarktet, ebenso die Wochenschauen, die in der Bundesrepublik und in der DDR in den fünfziger, sechziger und siebziger Jahren produziert werden.

Neben diesen Beständen gibt es Archive von nichtfiktionalen Filmen in Filmmuseen. Im Filmmuseum Berlin archiviert die »Deutsche Kinemathek« auch Dokumentarisches. Im Archiv des Deutschen Filmmuseums in Frankfurt, im Stadtmuseum München und im Filmmuseum Düsseldorf finden sich Nachlässe von Privatpersonen und Unternehmen.

Seit Mitte der fünfziger Jahre ist das öffentlich-rechtliche Fernsehen der größte Archivar eigener Dokumentationen und von Beiträgen der Fernsehnachrichten. Das »Haus des Dokumentarfilms«, gegründet 1991 und weitgehend vom öffentlich-rechtlichen TV getragen, hat sich »die Sammlung, Erforschung und Förderung des deutschen und internationalen Film- und Fernsehdokumentarismus« zur Aufgabe gemacht. Man sammelt neben den journalistischen Formen der Reportage und der Dokumentation auch künstlerisch und sozial engagierte Dokumentarfilme, Industrie-, Natur-, Lehr- und Kulturfilme.

Wer auf diese Quellen zurückgreift, muß schon im Rechercheansatz bewußt gegensteuern, um nicht die bei vielen Geschichtsdokumentationen oft zentralistische, von der »großen Politik« bestimmte Perspektive zu übernehmen. Dies ist meist ein Blick auf die Metropolen, auf Berlin, München, Frankfurt, oder auf die großen Städte des Rheinlandes und des Ruhrgebietes. Hier kommen die Kameraleute der Wochenschauen hin und zeigen Großereignisse und die Mächtigen am Regierungs-, Unternehmens- oder Verbandssitz.

Mit diesen Aufnahmen läuft der Dokumentarist Gefahr, einseitig das Bild der großen Städte, der technischen, industriellen und kulturellen Avantgarde, der modisch Up-to-date-Lebenden zu zeigen. Wir wollen aber auch auf die Ungleichmäßigkeit der Entwicklungen hinweisen, die Rückständigkeit mit der Spitze der Moderne vergleichen, das Alltägliche in Arbeit, Freizeit und Familie mit dem Offiziellen in Politik, Wirtschaft und Kultur.

Unser Anspruch ist, sowenig wie möglich auf diese erschlossenen Archive zurückzugreifen. Wir mußten also neue Quellen finden. Dies haben wir in einer systematischen Recherche getan. Wir haben unsere im Jahr 1983 beiläufig begonnene Sammeltätigkeit seit 1998 immer mehr in dem Projekt »100 Stunden Deutsche Geschichte im Film« systematisiert. Entlang der Grenzen der historischen deutschen Länder wurde in Dorfarchiven, kleinen Stadtmuseen, bei Heimatvereinen, lokalen Medienzentren, bei Film- und Videoclubs und Unternehmen vor Ort gesucht. Und über die Lokalzeitungen haben wir Filmamateure und Besitzer von privaten Filmnachlässen erreicht.

Um eine systematische Recherche konzipieren zu können, mußten wir uns mit der Entwicklung der Filmtechnik beschäftigen, herausfinden, wer Auftraggeber und Produzent gewesen sein kann und zu welchem Zweck in der jeweiligen Zeit gefilmt worden war. Zum besseren Verständnis werden wir hier auf Filmhistorie und -technik etwas näher eingehen.

Wochenschauen und Kulturfilme

Der Film wird 1895 fast gleichzeitig in Paris durch die Gebrüder Lumière (März) und in Berlin durch die Gebrüder Max und Emil Skladanowsky im Wintergarten-Varieté (November) »erfunden«. Der erste am 23. Dezember 1895 in einem kleinen Café öffentlich vorgeführte Film »L'Arrivée d'un train« ist im übrigen eine Dokumentation des Alltäglichen.

In Deutschland ist es vor allem der gelernte Optiker Oskar Meßter, der den Film voranbringt. Schon 1896 verkauft er seinen ersten selbstgebauten Filmprojektor. Im gleichen Jahr betreibt er das erste Berliner Kino. Mit der Einrichtung eines Filmateliers wandelt er sich schon bald zum Filmproduzenten.

1914 schafft Oskar Meßter mit der »Meßter-Woche« die erste deutsche Wochenschau. Die frühen Wochenschauen von Pathé, Gaumont, Movietone und Messter berichten vor allem über Buntes und Skurriles, über Einweihungen, über Sport, aber auch schon über Klatsch. Selbst eine Jagdgesellschaft, einer der vielen wechselseitigen »Staatsbesuche« der deutschen Fürsten, vor allem aber jede blaublütige Hochzeit zieht Kameramänner schon vor dem Ersten Weltkrieg ins kleinste deutsche Fürstentum.

Bei Kaiserbesuchen sind Kameraleute nicht nur erwünscht, sondern vom Gastgeber einbestellt. Deshalb befinden sich heute teilweise ungeschnittene Filmnegative in den Staatsarchiven der einstigen deutschen Länder oder im Besitz einst regierender Dynastien.

Universum-Film AG

Zur Hebung der Moral der deutschen Soldaten an der Front regt der mächtigste Mann der Obersten Heeresleitung, General Erich Ludendorff, 1917 die Gründung einer deutschen Filmgesellschaft an, in der die damals wichtigsten deutschen Produzenten zusammenarbeiten sollen. Am 18. Dezember 1917 wird in Berlin die »Universum-Film AG« gegründet. 1918 verkauft Oskar Meßter seine Firma an die »Universum-Film AG«. Als staatliche Institution stellt die »Ufa« hauptsächlich propagandistische Filme her. 1921 wird die Ufa privatisiert.

Die Filmemacher jener Zeit sind zugleich Autoren, Regisseure und Produktionsleiter. Viele ziehen wie Vertreter mit Musterkoffern übers Land, um vor allem Schulen zur Vorführung ihrer Filme zu bewegen.

Das Zeigen von Dokumentationen im Kino zahlt sich für die Besitzer aus. In der Weimarer Republik gibt es zwei Einrichtungen, die sich mit der Prüfung von Filmen beschäftigen. Eine »Filmprüfstelle« führt eine polizeiliche Zensur durch. Darauf folgt eine Prüfung nach künstlerischen Gesichtspunkten. Hier werden die Prädikate »künstlerisch«, »volksbildend« und »Lehrfilm« verliehen. Politisches Ziel der Filmprädikatisierung ist es, das Niveau der Filmproduktion – die damals oft nur Jahrmarktsqualität hat – zu erhöhen. Für den Kinobesitzer besteht der Anreiz des Prädikats darin, daß prädikatisierte Filme bei der Kinoauswertung von der Vergnügungssteuer (die damals »Lustbarkeitssteuer« heißt) entweder ganz oder teilweise befreit sind. Da kann man dann dem Produzenten schon mal einen kleinen Obolus zahlen.

Trotz der Gründung eines Gemeinschaftsunternehmens, an dem sich 200 Städte und Gemeinden beteiligen, macht die Kulturfilmabteilung der Ufa Verluste. Die Ufa-Kulturfilmproduktion wird in der Folge kommerzieller. Von den Dokumentationen entstehen verschiedene Schnittfassungen wie zum Beispiel wissenschaftliche Fassungen für Universitäten, pädagogische für die Schulen und allgemeinverständliche fürs Kinopublikum, die eine optimale Auswertung des gedrehten Materials garantieren.

Im wirtschaftlichen Krisenjahr 1929 wird der Kulturfilm-Etat der Ufa stark verkleinert, die Produktion erliegt fast vollständig. Die Machtübernahme der Nationalsozialisten bedeutet für die Produktion der Kulturabteilung keine wesentliche Zäsur, denn für den Großteil ihrer Produktionen gilt: In ihrer ästhetischen Form und ihrem pathetischen Gestus sind sie auch von den Nationalsozialisten politisch verwertbar.

Am 1. August 1940 richtet die nationalsozialistische Reichsregierung die Deutsche Kulturfilm-Zentrale ein. Ihr Ziel ist es, die bis dahin von kleineren Firmen getragene Produktion von Kulturfilmen stärker zu kontrollieren. Die meisten freien Kulturfilm-Hersteller sind jetzt fast vollkommen von der Ufa abhängig, von der sie fertige Drehbücher erhalten, die sie dann umzusetzen haben.

Die Kulturfilm-Zentrale untersteht direkt dem Propagandaminister. Sie ist jetzt nicht nur Instrument der Vorzensur, sondern auch die zentrale Produktionsleitung für alle deutschen Kulturfilmer. Ab September 1940 steigt angesichts der erweiterten Kriegswochenschau das Publikumsinteresse an Kulturfilmen mit nichtpolitischen Themen.

Erst 1941 werden von der Ufa explizit propagandistische Kriegsfilme hergestellt, die den Krieg an allen Fronten dabei als Abenteuer erscheinen lassen. Am 18. August 1943 wird die Ufa einziger Auftragsproduzent der NSDAP für Kulturfilme.

Kulturfilme, vor allem die populären Fassungen für den Kinoeinsatz, entstehen zwischen 1923 und 1941 oft mit finanzieller Unterstützung der Städte und Kreise. Deshalb konnten wir in vielen kommunalen Archiven die Auftraggeberkopien und manchmal auch Sonderfassungen dieser Filme entdecken.

Unternehmensfilme und lokale Ereignisschauen

Schon vor dem Ersten Weltkrieg ziehen Kameraleute über das Land und produzieren für die lokalen Kinobetreiber kleine Filmchen. Diese Filme halten örtliche Ereignisse wie Umzüge und Eröffnungen fest. Sie werden mit Schrifteinblendungen versehen und dann – manchmal viele Monate lang – vor dem Filmprogramm gezeigt.

Zunächst sind noch provisorische Einrichtungen, wie umgebaute Verkaufsläden, als Kinosäle die Regel. Sie werden als Kintöppe (Einzahl: Kintopp, eine Verballhornung von »Kinetoskop«) bezeichnet. Nach 1910 entstehen immer größere und luxuriösere Neubauten. Die inzwischen immer längeren Filme werden mit Klavier, in großen Kinos auch mit Orchester begleitet.

Wir haben solche Filme bei den Erben der frühen Kinopioniere selbst in Orten wie Ludwigslust (Mecklenburg), Bernburg (Anhalt) und Langen (Hessen) gefunden, selbstverständlich auch in Großstädten.

Neben diesen Auftragsproduktionen für Filmtheaterbetreiber dokumentieren seit dem Ende der Inflation 1923 zunehmend auch Unternehmen ihre Produktion und ihre Produkte. Diese frühen Unternehmens- bzw. Industriefilme ähneln in Länge und Form den Kulturfilmen und werden oft von demselben Produzenten im Auftrag hergestellt. Sie werden bei lokalen Messen, Industrieschauen, aber auch auf den Weltausstellungen gezeigt. Sonderfassungen laufen auch als »Kulturfilm« vor dem Hauptprogramm im Kino.

Wochenschaubeiträge, Propagandafilme, Kultur- und Industriefilme produzieren seit dem ersten Jahrzehnt des 20. Jahrhunderts Menschen, die sich das Filmen und das Kino zum Beruf erwählt haben. Nur vereinzelt wird das Filmen zum Hobby von wohlhabenden, technisch begabten Kaufleuten, Apothekern und Ingenieuren. Diese Filme werden mit professionellem Equipment gedreht und erfordern viel Geld, technische Begabung und chemische sowie optische Kenntnisse. Der Amateurfilm, eine unserer wichtigsten Quellen, kommt erst nach 1923 auf.

Die Filmformate

Das Filmmaterial hat ursprünglich nur eine Breite von 35 mm. Das führt zu einem Bildverhältnis 1,37:1 (Breite x Höhe). Im Fernsehen wird heute als Standard ein Bildfeld von 4:3 gezeigt. Damit gehen im TV 2,7 Prozent des Bildfeldes eines 35-mm-Films verloren. Diesen Verlust sieht man in TV- und Videodokumentationen vor allem bei den Einblendungen von Schrifttafeln. Oft sind Wortanfänge nicht zu sehen, oder es fehlt das letzte Wort eines Satzes.

1923 ist das Geburtsjahr des 16-mm-Umkehrfilms mit entsprechenden Filmkameras und Projektoren. Die Erfindungen von Kodak machen den Amateurfilm möglich. Jetzt werden die Kameras handlicher und das Material preiswerter. Das 16-mm-Format dient seinerzeit nicht nur dem Amateurfilm, sondern ist auch die billigere Alternative zum 35-mm-Kinostandard.

Aufgrund der kleineren Bildfeldgröße ist auch die Qualität schlechter als beim 35-mm-Film. (Bis zur Einführung des Videorecorders im Jahr 1959 ist der 16-mm-Film die einzige Möglichkeit des Fernsehens, seine Sendungen zu archivieren.)

Der Amateurfilm

Im Jahr 1923 kommt gleichzeitig mit dem 16-mm-Film von Kodak das 9,5-mm-Pathé-Format auf. Es kann sich weltweit durchsetzen, denn wesentliche Vorteile sind der unbrennbare Umkehrfilm und preiswerte Filmapparate. Diese von Professionellen belächelten Geräte finden beim Publikum begeisterte Aufnahme. Der Pathé-Film hat keine Perforationslöcher an den Seiten, sondern eine Mittenperforation zwischen den Bildern. Er hat so die größte Materialausnutzung aller Filmformate.

Der 9,5-mm-Film wird in Deutschland schon bald durch 16 mm und 8 mm in den Hintergrund gedrängt und hat heute noch in Frankreich und England eine gewisse Verbreitung. Wir selbst haben viele Filmdokumente aus den Jahren 1924 bis 1938 im Pathé-Format gefunden, in Südwestdeutschland und dem Saarland, die nach 1945 zur französischen Zone gehören, auch noch aus den fünfziger Jahren.

Den Kameramann vor 80 Jahren sieht man stets an einer Kurbel. 1925 bringt das Münchener Unternehmen Niezoldi & Krämer die »Nizo 35« als 35-mm-Amateurfilmkamera auf den Markt. Ein aufziehbarer Federwerkantrieb macht die Kurbel und damit auch das Stativ überflüssig. Es kann ab sofort aus der Hand gefilmt werden. Allerdings nicht sehr lange, denn spätestens nach 20 Sekunden muß das Laufwerk neu aufgezogen werden. Deshalb sind alle Amateurfilmeinstellungen, die vor 1950 entstehen, so kurz. Und sie sind häufig verwackelt. Denn die Handkamera ist für den Amateur schwer zu führen.

1928 wird der 16-mm-Farbfilm »Kodacolor« eingeführt. 1932 kann der Filmamateur statt auf 16 mm auf den 8-mm-Film zurückgreifen. Um Filmkosten zu sparen, entsteht daraus ein eigenes Amateurfilm-Format: Doppel-8-mm. Der Doppel-8-Film hat bei der Aufnahme eine Breite von 16 mm und ist doppelt perforiert. In der Kamera wird zunächst eine Hälfte des Filmes belichtet, später im Rücklauf die zweite. Nach der Entwicklung wird der Film in zwei 8 mm breite Filmstreifen zerschnitten (gesplittet). Die 16-mm-Filmrolle von Kodak kostet 32 Reichsmark, der Doppel-8-mm-Farbfilm »nur« 13 Reichsmark. Eine Dreieinhalb-Zimmer-Wohnung kostet zu dieser Zeit 130 Reichsmark Miete. Man ahnt: Filmen bleibt ein teures Hobby für bürgerliche Kreise.

Seit Mitte der dreißiger Jahre ist der Farbfilm bei den Amateuren weit verbreitet. Viele professionelle Filmemacher lehnen ihn noch bis in die späten fünfziger Jahre ab. Aus Kostengründen, aber auch aus künstlerischen, wird noch bis zu Beginn der siebziger Jahre des letzten Jahrhunderts mehr in Schwarzweiß gefilmt.

Nachteilig am Doppel-8-Film sind die für den schmalen Film unverhältnismäßig breiten Perforationslöcher. Das führt schließlich zum Super-8-Film, bei dem eine schmalere Perforation ein größeres Bildformat und somit eine weit bessere Bildqualität bietet.

Super-8-Filme werden 1964 auf der Photokina in Köln vorgestellt und tauchen seit 1965 im Handel auf. Bei Super 8 werden 18 Bilder pro Sekunde aufgenommen. Wenn die Batterien der Aufnahmekamera beim Drehen leer werden, läßt die Aufnahmegeschwindigkeit auch schon mal nach, so daß später beim Abspielen ein Zeitraffer-Effekt entsteht. Das muß man, wie wir gelernt haben, beim Schnitt von Super-8-Material bedenken.

Die Aufnahme- und Abspielgeschwindigkeit

Häufig sieht man im Fernsehen Filmsequenzen aus der Zeit, »als die Bilder laufen lernten«, in lustigem Zeitraffer. Alle Objekte bewegen sich schnell, die Menschen rennen. Diese Filme wurden nur falsch transformiert.

Für das menschliche Auge sind 16 Bilder in der Sekunde die niedrigste Bildverschmelzungsfrequenz. Erst dann entsteht der Eindruck eines natürlichen Bewegungsablaufs. Wenn Filme, die mit 16 Bildern/Sek. gedreht worden sind, auf den heutigen Videostandard fehlerhaft abgetastet werden, laufen sie um 50 Prozent zu schnell. Wir haben uns bemüht, die Filme in »menschlicher Geschwindigkeit«, also nicht in Zeitraffer, abzuspielen.

Um eine bessere Tonqualität aufnehmen und wiedergeben zu können, verlangt der Tonfilm zu Beginn der dreißiger Jahre höhere Filmlaufgeschwindigkeiten. Das Heraufsetzen auf die heutigen Bildfrequenzen von 24 Bildern/Sek. im Aufnahmebereich geschah seinerzeit nicht aus den oben genannten »stroboskopischen« Gründen, sondern wegen der neu eingeführten Lichttonspur.

Der Lichtton ist bis heute das Standardverfahren zur Tonaufzeichnung bei Kinofilmen. Die Lichttonspuren bestehen aus einem schmalen Streifen am Film, der je nach Toninformation seine Lichtdurchlässigkeit wechselt.

Der Ton auf einer Filmkopie befindet sich nie an der Stelle, an der sich das dazugehörige Bild befindet. Denn im Bildfenster wird der Filmstreifen sowohl bei der Aufnahme als auch bei der Projektion nicht, wie etwa bei einem Tonband, kontinuierlich, sondern ruckweise transportiert.

Am Lichttonlesekopf muß aber der Ton gleichmäßig vorbeigeführt werden. Deshalb wird der am Bildfenster noch ruckelnde Transport in einen kontinuierlichen gewandelt. Hierfür ist eine gewisse Zeitdistanz erforderlich. Beim 35-mm-Film sind dies zum Beispiel 20 Filmbilder. Der Ton zu einem bestimmten Bild befindet sich also 20 Felder vor der Bildinformation.

Der Zustand von Filmen und Videos

Bis Ende der fünfziger Jahre stehen uns Filme in den Formaten 35 mm, 16 mm, 9,5 mm und Doppel-8/Normal-8 zur Verfügung. Diese liegen selten als Filmnegativ, sondern häufig nur als Vorführkopie mit vielen Vorführschäden wie Bildkratzern, Klebestellen und zerschlissener Perforation vor. Sie sind brüchig und geschrumpelt, häufig auch ausgeblichen. Nitrofilme, die bis Mitte der dreißiger Jahre Standard sind, sind feuergefährlich und nur mit Umsicht zu transportieren. Farbfilmpositive sind nach zwei bis drei Jahrzehnten rotstichig. Diese Schwächen können wir manchmal im digitalen Schnitt ausbessern.

Problematisch wird die Quellenlage für filmische Dokumentationen in dem Moment, wo das Fernsehen das vorherrschende Dokumentationsmedium und die Archivierungsinstanz wird. Die Wochenschau verschwindet in West und Ost zu Beginn der siebziger Jahre aus den Kinos.

Die magnetische Aufzeichnung auf »Video« setzt sich zwischen 1960 und der Mitte der achtziger Jahre aus Kostengründen und wegen der Handhabung immer mehr durch. Die Qualität des Materials verbessert sich dadurch nicht, vor allem, weil die analogen Aufzeichnungsbänder mit jeder Benutzung und im Lauf der Zeit stark an Qualität verlieren.

1956 wird in Chicago der erste für die Fernsehpraxis brauchbare Videorecorder vorgeführt. Die »Ampex VR 1000« arbeitet mit Magnetbändern, die von der »Scotch 3M Company« entwickelt worden sind. Schon zwei Jahre später stellt Ampex den ersten Farbvideorecorder vor. Elektronische Kameras des Fernsehens zeichnen jetzt bei Großereignissen mit Übertragungswagen Bilder magnetisch auf. In den nächsten Jahren entstehen verschiedene Magnetfilmformate mit immer wieder wechselnden technischen Standards. Sie werden von Firmen wie Ampex, Bosch und Sony entwickelt.

So lassen sich heute Archivbestände von Dokumentationen auf 1-Zoll-A-, 1-Zoll-B- und 1-Zoll-C-Bändern, auf U-matic-Lowband und -Highband und auf Betacam-SP-Kassetten finden. Bis Ende der sechziger Jahre sind

Videogeräte noch für den Spulenbetrieb konstruiert. Erst mit der Kassettierung wird der Umgang mit den Videobändern auf das simple Einlegen der Kassette reduziert.

Im Jahr 1976 stellt JVC das Format VHS vor. Die Videocassette dieses Systems setzt sich gegen das von Philips und Grundig entwickelte System »Video 2000« durch. In den Jahren 1972 (U-matic) und 1975 (Betamax) präsentiert die Firma Sony die ersten Video-Heimgeräte, die mit kassettierten Bändern funktionieren.

Von Amateurfilmern liegen seit Beginn der achtziger Jahre Quellen auf VHS-, S-VHS-, Betamax- und Video-2000-Kassetten vor. Videogruppen, zum Beispiel alternativer Bewegungen, drehen häufig auf dem semiprofessionellen Standard U-matic-Low-Band. Camcorder für Hobbyfilmer gibt es seit 1980. Die ersten tragbaren Videorecorder für Profis sind sehr schwer und werden noch auf den Rücken geschnallt. Noch bis in die neunziger Jahre werden umhängbare Rekorder benutzt, die immer weniger wiegen. Die ersten Geräte, die man als vollwertige Camcorder bezeichnen kann, sind die Betamovie-Geräte von Sony. Diese können das Bild der eingebauten Kamera direkt auf ein Betamax-Band aufzeichnen.

Die Montage

Bis 1923 sind nichtfiktionale Filmquellen selten, zwischen 1923 und 1935 rar. Ab 1935 setzt zumindest in Deutschland eine filmische Massenproduktion ein, von deren Beständen allerdings einiges in den Kriegswirren verlorengeht. Mit Beginn der elektronischen Aufzeichnung, der Einführung des Super-8-Films und der Filmkassette wird diese Produktion noch einmal gesteigert. Seitdem Video bei den Amateuren den Schmalfilm verdrängt hat, gibt es auch außerhalb des Fernsehens, des Industrie- und Dokumentarfilms eine wahre Flut bewegter Bilder. Und mit der Einführung des filmenden Handys wird wohl jedes große und kleine Ereignis, jede Katastrophe und jeder freudige Anlaß im bewegten Film festgehalten und dokumentiert werden können.

Diese von uns vermutete Quellenlage hat unsere Recherche bestimmt. Auf der Suche nach Filmen bis zum Jahr 1918 sind wir in ganz Deutschland systematisch geographisch vorgegangen. Für den Zeitraum 1923 und 1935 haben wir flächendeckend in jenen, vor allem ländlichen, Regionen recherchiert, in denen Filmquellen bis dahin eher unerschlossen waren. Der Zeitraum 1935 bis Mitte der fünfziger Jahre ist in Filmquellen gut dokumentiert. Hier galt es zwischen vielen Quellen auszuwählen, die schon leichter zugänglich waren.

Wenig dokumentiert sind naturgemäß die Repressalien gegen Regimegegner, Juden und andere Verfolgte der Nazidiktatur. Besonders über den systematischen Judenmord gibt es wenig Originalmaterial außer Aufnahmen der Befreiung von sowjetischen, amerikanischen und britischen Kameraleuten.

Ab 1955 sind wir in der Recherche nur noch thematisch und punktuell, nicht mehr systematisch geographisch vorgegangen. Allgemeine Aufrufe nach Material hätten uns mit Filmquellen überschwemmt, ihre Überspielung und Sichtung unsere finanziellen und personellen Kräfte überfordert. Hin und wieder half uns der Zufall, und wir konnten Filme finden, nach denen wir im Zeitraum ab 1955 nie gesucht hätten.

Die meisten unserer Quellen sind filmisch nicht voll kompatibel mit elektronisch wiedergegebenen Bildern. Viele Filme wurden noch mit 24 Bildern/Sek. aufgezeichnet. Fernseh- und Videokameras nehmen mit 50 Halbbildern/Sek. auf. Das sogenannte PAL-Speed-up dient dazu, daß für sämtliche Geräte im Fernsehen die Bildfrequenz auf die von der PAL-Norm vorgeschriebenen 25 Bilder/Sek. erhöht wird. Dadurch wird ein auf Video transformierter Film um 4 Prozent kürzer und läuft damit in der Wiedergabe schneller. Diese Beschleunigung des Bildes wird vom Menschen allerdings kaum wahrgenommen. Die beschleunigte Abspielung erhöht aber auch den Ton. Dies kann dem Zuhörer auffallen, wenn er Musikaufnahmen schon von einer CD kennt.

Auch an diesem Beispiel läßt sich zeigen, daß unsere filmische Zusammenstellung keine »naturalistische« Dokumentation sein kann. Wir haben alle Filme vertont, denn selbst noch in den fünfziger Jahren haben die wenigsten Filme einen Originalton der Aufnahme. Die Geräusche wurden damals im Studio gemischt und synchronisiert. Das haben wir ebenso betrieben und addieren also zum Originalbild einen nachgemachten Ton.

Schnitt und Montage sind immer ein Kommentar. Sie dokumentieren daher nur das Ereignis, aber nicht die Intentionen der damaligen Schöpfer der Filmquelle. Aus Achtung vor den Filmemachern aus elf Jahrzehnten haben wir die Quellen durch Schwarzblenden klar voneinander getrennt. Uns kommt es darauf an, nicht eine Geschichte bzw. einen Sachverhalt zu illustrieren, sondern aus den Quellen zu erzählen.

Recherche, Ton und Montage sind unsere heutige redaktionelle Leistung, die Filme aber sind das bewegte Bild ihrer Zeit.

Quellennachweis der einzelnen Szenen

DIE DEUTSCHEN
1918 bis 1929

Lemgo, 1922
Jungen spielen Hermann-
schlacht. *Aufn. von Fritz Ohle*

Berlin, 1918
Deutsche Frontsoldaten
kehren in die Heimat
zurück. *Aufn. aus »The
Official War Review« des
US Committee for Public
Information.*

Nordseeinsel Helgoland,
1920
Rückbau der militärischen
Anlagen. *Meester-Woche.*

Berlin, November 1918
Novemberrevolution.
*Aufn. von Kameramännern
der Obersten Heeresleitung.*

Berlin, Januar 1919
Spartakusaufstand.
US Department of the Army.

Köln und Essen, 1919
Französische Truppen
besetzen das Rheinland.
*Aufn. aus »The Official War
Review« des US Committee
for Public Information.*

Wiesbaden, 1919
US-Rot-Kreuz-Schwestern
verteilen Kakao an Kinder.
*Aufn. aus »The Official War
Review« des US Committee
for Public Information.*

Berlin, 1919
Denkmäler der ehemaligen
Monarchen. *Aufn. aus
»The Official War Review«
des US Committee for
Public Information.*

Hindenburg, Oberschlesien,
1920/21
Kämpfe vor der Volks-
abstimmung. *Aus einem
Wochenschaubeitrag der
British Pathé Film.*

Berlin, 1920
Protest gegen Lebensmittel-
knappheit. *Aufn. für »The
Official War Review« des US
Committee for Public Inform.*

Berlin, 1920
Lüttwitz-Kapp-Putsch. *Aufn.
der Deutschen Lichtbild-
Gesellschaft für die »Deulig-
Woche« aus den National
Archives, Washington D.C.*

Flensburg, 1920
Abstimmung über die Zuge-
hörigkeit Nordschleswigs zu
Deutschland oder Däne-
mark. *Aus dem Meester-Film
»Ist hier ein geborener
Schleswiger?«.*

Duisburg, Ruhrgebiet, 1920/21
Alliierte Truppen besetzen
das Ruhrgebiet. *Aufn. für die
Wochenschau »The Gaumont
Animated Weekly« aus dem
Bestand der National Archi-
ves, Washington D.C.*

Darmstadt, 1921
Arbeiter der Firma E. Merck.
*Aus einem Industriefilm der
Firma Merck KGaA.*

Freistaat Oldenburg,
Hunte-Ems-kanal, 1922
Automatisierter Torfabbau.
*Lehrfilm, hergestellt von der
»Krupp-Film«.*

Westerland auf Sylt, 1923
Der Besitzer des »Miramar«.
Ungeschnittene Aufn.

Oldenburg i.O., 1924
Der Lebensmittelladen von
Georg Hofert. *Unentwickelte
Aufn. eines reisenden Kame-
ramanns im Auftrag des
Besitzers. (Entwicklung 1999)*

München, 1923
Kundgebung mit Erich Lu-
dendorff. *Aufn. von Kameramännern der Münchner Lichtspielkunst GmbH »Emelka«.*

Wolfen, 1923
*Carl Duisberg besucht die
Filmfabrik. Aufn. im Auftrag
der »Actien-Gesellschaft
für Anilin-Fabrikation«,
AGFA.*

Mannheim, 1924
Besuch des Mannheimer
Automobilwerks »Benz &
Cie.«. *Aufn. für einen Film
der »Benz & Cie., Rheinische
Gasmotorenfabrik Mann-
heim«.*

Berlin, Mitte der 20er Jahre
Straßenszenen in Berlin.
*Ungeschnitt. Aufn. aus den
National Archives, Washing-
ton D.C.*

Berlin, Mitte der 20er Jahre
Berliner Varieté »Winter-
garten«. *Ausschnitte aus
»Varieté« von Ewald André
Dupont der Produktionsfirma
Universum-Film AG.*

München, 1924
Treffen von Monarchisten
und Völkischen. *Aufn. von
Kameramännern der
Münchner Lichtspielkunst
GmbH »Emelka«.*

Frankfurt am Main, 1924
Stadtspaziergang. *Aus dem
Städte- und Reklamefilm
»Visit Germany« von HAPAG
und Norddeutscher Lloyd.*

Köln, 1924
Fronleichnamsprozession.
*Aus dem Städte- und Rekla-
mefilm »Visit Germany« von
HAPAG und Norddeutscher
Lloyd.*

Bastei im Elbsandsteinge-
birge, Mitte der 20er Jahre
Bootsfahrt auf der Elbe.
Ungeschnitt. Aufn.

Groitzsch bei Leipzig, 1924
Schützenfest mit Kirmes.
Aufn. von Max Gebauer.

Ludwigslust, 1924
Ludwigslust. *Städte- und Reklamefilm der Stadt Ludwigslust, Fragment.*

Amrum, 1924
»Ferientage auf Amrum«. *Aus dem Werbefilm der Bodelschwingh'schen Anstalten.*

Bad Pyrmont, 1924
Moorbäderzubereitung und Moorbad. *Aus einem Städte- und Reklamefilm.*

Duisburg, 1924
Duisburg und die Duisburg-Ruhrorter Häfen. *Aus einem Städte- und Reklamefilm.*

Duisburg, 1924
Länderkampf Deutschland–Italien im Wedau-Stadion. *Mitschnitt im Auftrag der Stadt Duisburg.*

Berlin und Idar-Oberstein, Freistaat Oldenburg, Landesteil Birkenau, 1924
Besuch einer Edelsteinauktion. *Aufn. aus einem Städte- und Reklamefilm aus Idar und Oberstein.*

Schwarzburg in Thüringen, Anfang der 20er Jahre
Friedrich Ebert mit Frau. *Lizenzmaterial für die Hearst Metrotone Newsreel im Bestand der National Archives.*

Berlin, 1925
Beerdigung Friedrich Eberts. *Lizenzmaterial für die Hearst Metrotone Newsreel im Bestand der National Archives.*

Berlin, 1925
Wahlkampf zur Reichspräsidentenwahl. *Lizenzmaterial für die Fox Silent Newsreel aus dem Bestand der National Archives.*

Berlin, 1925
Amtsantritt des Reichspräsidenten Paul von Hindenburg. *Lizenzmaterial für die Pathé News Inc. aus dem Bestand der National Archives.*

Berlin, 1925
Umbettung des Fliegerbarons Manfred von Richthofen. *Lizenzmaterial für die Pathé News Inc. aus dem Bestand der National Archives.*

Stralsund, 1927
Paul von Hindenburg besucht die Stadt. *Dokumentation im Auftrag der Stadt Stralsund.*

Hamburg, 1928
Beerdigung des ehemaligen zweiten Bürgermeisters, Otto Stolten. *Filmdokumentation.*

Bernburg, 1927
13. Kreisturn- und Sportfest. *Aufn. vom Besitzer der örtlichen Capitol-Lichtspiele.*

Oldenburg, 1924
Die Großschlachterei »Alten Fleiwa«. *Ausschnitte aus »Große Einkaufsgenossenschaft deutscher Konsumvereine«.*

Haffkrug an der Ostsee, Mitte der 20er Jahre
Sommerurlaub von Arbeiterkindern. *Szenen aus einem Werbefilm der »Verbrauchergenossenschaft Produktion«.*

Herbstein, 1926
Schullandheim der katholischen »Neudeutschen Gemeinde«. *Amateuraufn.*

Paunsdorf bei Leipzig, 1925
Kirchgang und anschliessende Konfirmation. *Ungeschnittene Familienaufn. Georg Försters.*

Freistaat Lippe, Mitte der 20er Jahre
Der erste Kindergarten Deutschlands. *Aus einem Werbefilm der Diakonischen Werke.*

Saarland, 1927
Bergleute. *Szenen aus dem Film »Deutsches Land an der Saar«.*

Gera, 1926
Umzug des kommunistischen »Roten Frontkämpfer-Bundes«. *Ungeschnittene Amateuraufn.*

Hamburg, Ende der 20er Jahre
Hamburger Hafen. *Aus einem Städte- und Reklamefilm der Stadt Hamburg.*

Nordhorn, 1928
Produktionsablauf einer Textilfabrik. *Szenen aus einem Industriefilm.*

Oertelsbruch im Thüringer Wald, Mitte der 20er Jahre
Ein Schieferbruch. *Lehr- und Unterrichtsfilm.*

Jena, 1929
Bearbeitung von Rohglas. *Szenen aus einem Film der Optischen Werke Zeiss, Jena.*

Im Odenwald, Ende der 20er Jahre
Kartoffelernte. *Szenen aus einem Kulturfilm.*

Vogelsbergkreis, Ende der 20er Jahre
Bauern bei der Heuernte. *Ein Film von Heinrich Lorentz.*

In Eiderstedt, 1928
Einblicke in friesische Traditionen. *Szenen aus »Eiderstedt, das Land der Eiderfriesen«.*

Schöndorf bei Weimar, 1926
Landmaschinen des Gutes Werther bei Weimar. *Amateuraufn.*

Berlin, Ende der 20er Jahre
Flug über Berlin. *Ungeschnittene Aufn. aus den National Archives, Washington D.C., die vermutlich in den 20er Jahren in die USA gelangt sind.*

Im Ruhrgebiet, Duisburg, 1925
Abzug französisch-belgischer Truppen. *Aufn. für British Pathé Film aus dem Bestand der National Archives.*

Im Rheinland, 1925
Räumumg des Rheinlands. *Aufn. für British Pathé Film aus dem Bestand der National Archives.*

Genf, 1926
Mitglied im Völkerbund. *Hearst Metrotone News aus dem Bestand der National Archives.*

Heidelberg, 1928
Ehrendoktorwürde für Gustav Stresemann. *Hearst Metrotone News aus dem Bestand der National Archives.*

Zwischen Celle und Hannover und Frankfurt/Main, 1928/29
Raketengetriebenes Schienenfahrzeug. *Aus dem Opel-Film »Das RAK-Projekt«.*

Hamburg, 1928
Großflugtag in Fuhlsbüttel. *Aufn. eines Kameramanns.*

Bremen, 1928
»Gehetzt«. *Szenen aus einem Reklamefilm der Kaffee-Handels-Aktien-Gesellschaft.*

Berlin, 1928
Besuch der Disconto-Gesellschaft, Berlin. *Szenen aus einem Unternehmensfilm der Disconto-Gesellschaft.*

Hamburg, 1928
Müllabfuhr in Hamburg. *Szenen aus einem Lehrfilm der Stadtreinigung.*

Dessau, 1924
Die Junkerswerke. *Aufn. diverser amerikanischer Wochenschauen (Fox, Heart, Pathé Inc.) aus dem Bestand der National Archives.*

Dessau, 1927
Das Bauhaus in Dessau. *Ungeschnitt. Filmaufnahme.*

Berlin, 1928
Kuchenbacken für die moderne Hausfrau. *Aus dem Werbefilm »Vom richtigen und falschen Kuchenbacken« von Dr. Oetker.*

Lübeck-Travemünde, 1928
Ausdruckstanz als Ausdruck innerer Seelenzustände. *Ungeschnittene Amateuraufnahme.*

Bensheim an der Bergstraße, 1928
Freikörperkultur. *Ungeschnittene Amateuraufn.*

Bremen, 1928/29
Bau und Schiffstaufe des Schnelldampfers »Bremen« durch Paul von Hindenburg. *Aus der filmischen Baudokumentation der Schiffs- und Maschinenbau Aktiengesellschaf, Fr. Krupp AG.*

Lübeck, 1928/29
Gefangen im Eiswinter: Schlitter- und Rodelfreuden. *Ungeschnittene Amateuraufn.*

Beuron, Schwäbische Alb, 1928/29
Skiausflug des SSV Tuttlingen. *Amateuraufn. eines Vereinsmitgliedes.*

Offenburg, 1928/29
Normalität in Kleinstädten. *Amateuraufn.*

Dresden, 1928/29
Die zugefrorene Elbe. *Ungeschnittene Amateuraufn.*

Holstein, 1929
Die Landvolkbewegung als Protest gegen Zwangspfändungen und Zwangsversteigerungen. *Archivaufn. aus einer Dokumentation der NSDAP von 1934.*

Berlin, 1929
»Blutmai«: Demonstranlen durchbrechen das Demonstrationsverbot am 1. Mai. *Archivaufn. einer Dokumentation der NSDAP von 1934.*

Bernburg, 1929
Umzug aus Anlass des 9. Mitteldeutschen Handwerkerfestes. *Aufn. des Besitzers der örtlichen Capitol-Lichtspiele.*

Baden-Baden, 1929
Vor der Weltwirtschaftskrise: spätsommerliche Freuden in einem Luxuskurbad. *Szenen aus einem Stadtwerbefilm.*

Berlin, 1929
Trauerzug für Gustav Stresemann. *Ungeschnittene Aufnahmen.*

Berlin, 1929
Beerdigung von Gustav Stresemann. *Material für die Fox Silent Newsreel aus dem Bestand der National Archives.*

Rolf Hosfeld, Hermann Pölking

Die Deutschen 1815 bis 1918

Fürstenherrlichkeit und Bürgerwelten

Die Deutschen 1918 bis 1945

Leben zwischen Revolution und Katastrophe

Die Deutschen 1945 bis 1972

Leben im doppelten Wirtschaftswunderland

Die Deutschen 1972 bis heute

Auf dem Weg zu Einheit und Freiheit

Als ob Sie dabei gewesen wären: Auf dieser Piper Zeitreise erleben Sie deutsche Geschichte neu – in einer multimedialen Form, die einmalig ist.

Die Bücher bieten auf rund 500 Seiten spannend und informativ aufbereitete Lektüre. Hochwertig ausgestattete Bände, durchgehend farbig bebildert mit rund 450 teils noch nie zuvor veröffentlichten Fotos, anschaulichen Grafiken und Karten. Buch und DVDs im mattierten Folienschuber. Die drei DVDs zu jedem Buch enthalten Filmmaterial, das bislang so noch nicht zu sehen war: Bilder des alltäglichen Lebens aus allen Regionen Deutschlands. Aufnahmen, die in mehr als zwanzig Jahren intensiver Recherche eigens für dieses Projekt zusammengetragen, ausgewertet, restauriert, geschnitten und vertont wurden. Die Sprecher sind bekannte Schauspieler wie Gudrun Landgrebe, Hanns Zischler und Peter Kaempfe.

01/1707/01/R

Rolf Hosfeld, Hermann Pölking
Wir Deutschen 1929 bis 1939

Von den Goldenen Zwanzigern zum Kriegsbeginn.
Mit 1 DVD sowie umfangreichem Bonusmaterial.
192 Seiten durchgehend farbig bebildert mit Fotos,
Grafiken und Karten. Gebunden

1929 – das ist das Jahr, das für die Goldenen Zwanziger
schlechthin steht: für Bubikopf und Charleston, für Film-
göttinnen und Sporthelden. Aber es ist auch das Jahr, in dem
die Weltwirtschaftskrise beginnt und damit jene Not, die
Hitler und den Nazis den Boden bereitet. Folgerichtig erzählen dieser Film und das dazugehörige Buch die deutsche
Geschichte bis zum Beginn des Krieges. Sensationelle Bilder
aus dem Alltag der Deutschen, Schätze aus den Privatarchi-
ven, die die Autoren gefunden haben, zeigen die Dreißiger-
jahre in immer neuen Facetten. Im Wechsel zwischen den
Großereignissen und dem alltäglichen Leben in Stadt und
Land wird Geschichte lebendig.

01/1788/01/R

PIPER

Rolf Hosfeld, Hermann Pölking
Wir Deutschen 1953 bis 1961

Wirtschaftswunder und Mauerbau. Mit 1 DVD sowie umfangreichem Bonusmaterial. 176 Seiten durchgehend farbig bebildert mit Fotos, Grafiken und Karten. Gebunden

Die Fünfzigerjahre in der BRD schienen nur eine Richtung zu kennen: nach oben. Aber nicht nur immer neue Rekorde in der Wirtschaft prägen das Lebensgefühl, sondern auch die kleinen Erfolge: der erste Urlaub, die größere Wohnung, das erste Moped ... Für die DDR-Bürger hingegen hießen die entscheidenden Ereignisse 17. Juni 1953, Entstalinisierung, zaghafter Konsum – und schließlich Mauerbau. In 90 Minuten und 80 Szenen aus privaten Quellen, die so noch nie zu sehen waren, zeigen die Autoren das Wirtschaftswunderland Deutschland in Ost und West. Im Buch werden die Ereignisse der politischen Großwetterlage erklärt; im Film wird das private Leben im geteilten Deutschland anschaulich.

01/1789/01/R

PIPER

Ralf Georg Reuth
Hitlers Judenhass

Klischee und Wirklichkeit. 376 Seiten. Gebunden

Eine der zentralen Fragen unserer Geschichte wird in diesem
Buch neu beantwortet: Wie kam der mörderische Antisemitismus Hitlers und der Nazis zustande? Als im Februar
1919 der ermordete bayerische Ministerpräsident Kurt Eisner zu Grabe getragen wurde, war im Trauerzug für den
Linksrevolutionär und Juden auch ein Gefreiter namens
Adolf Hitler. Der wird später immer behaupten, er sei schon
seit seiner Zeit in Wien glühender Antisemit und Sozialis-
tenhasser gewesen. In Wirklichkeit war er noch 1919 in der
von den Rechten als »Judenherrschaft« verunglimpften
bayerischen Räterepublik Soldatenrat; von seinem späteren
Judenhass findet sich noch keine Spur. Mit diesem aufsehenerregenden Befund stellt Ralf Georg Reuth, ausge-
wiesener Biograf (Hitler, Goebbels), die Forschung auf den
Kopf.

01/1805/01/R